湛庐文化 Cheers Publishing
a mindstyle business
与 思 想 有 关

未来在等待的人才

哈佛、牛津的5堂思考力训练课

ハーバード、オックスフォード…
世界のトップスクールが実践する考える力の磨き方

[日]福原正大◎著　班健◎译

浙江人民出版社
ZHEJIANG PEOPLE'S PUBLISHING HOUSE

开始阅读本书之前，做个“热身”练习！

1. “我思故我在”是著名哲学家（　）留下的警世名句?

   A. 勒内·笛卡儿　　B. 老子　　C. 苏格拉底　　D. 约翰·穆勒

2. 如果想分辨出事物的真伪，必须要经过的四个步骤的正确顺序是（　）

   A. 大胆怀疑　　B. 按照从简单到复杂的顺序不断思考查证

   C. 彻底分析　　D. 再次审视，查缺补漏

3. 有一份可口的菜肴，在认知菜肴的“美味”时，如果您在思考“调味调得怎么样”“原材料新不新鲜”“火候掌握得如何”，您属于（　）认知方式；如果您更在意就餐环境、一起就餐的人、用餐的气氛，那么您属于（　）认知方式。

   A. 发散型　　B. 整体型　　C. 分析型　　D. 沉思型

4. 获得一定自由的人不会无限地追求自由，反而会逃避自由。因为获得的自由越多，越容易孤独和不安。人只是在追求“感觉舒适的、受到限制的自由”。这是著名社会心理学家（　）的自由观。

   A. 大卫·李嘉图　　B. 伊曼努尔·康德

   C. 蕾切尔·卡逊　　D. 艾瑞克·弗洛姆

5. 政治经济学家约瑟夫·熊彼特主张“资本主义经济这个体系，只要它的引擎一直转动，会通过舍弃陈旧，衍生出新的事物而得以延续”这就是其著名观点（　）

   A. 资本主义经济越成功越走向灭亡　　B. 创造性破坏

   C. 听由市场调节　　D. 大企业化

6. 自然价格是不断牵引所有商品价格的中心价格，虽然价格短时间内会起伏不定，但最终，需求和供给会以自然状态取得平衡，接近自然价格。这是由（　）提出的“看不见的手”理论。

A. 亚当·斯密　　B. 卡尔·马克思

C. 约瑟夫·熊彼特　　D. 约翰·梅纳德·凯恩斯

7. 德国哲学家马丁·海德格尔认为，“真正的艺术”存在于（　）（可多选）

A. 艺术家所要表达的思想　　B. 模特或景物带有的气息和存在感

C. 表现方式　　D. 触感

8. 美国海洋生物学家蕾切尔·卡逊的著作（　）引发了全世界对环保事业的关注。书中描述因有害化学物质对生态系统造成的严重破坏，导致一些鸟类因误食农药而无法发声。

A.《万物皆奇迹》　　B.《海洋的边缘》

C.《瓦尔登湖》　　D.《寂静的春天》

9. 哲学家托马斯·霍布斯认为，人类互相争斗的原因有（　）（可多选）

A. 竞争　B. 相互不信任　C. 相互惧怕　D. 夸赞、被评价

10. 哲学家托马斯·霍布斯曾写下一部闻名于世的著作，他将国家比喻成一个和人类体型相似的巨大怪物，这个巨大怪物就凌驾于我们之上存在着。这部著作是（　）

A.《自由论》　B.《国富论》

C.《利维坦》　D.《公众舆论》

扫码关注庐客汇，
回复“未来在等待的人才”，
获取您的测试结果。

我们的精英人才到底缺了什么

为什么近年来我们的精英人才在世界上不被认可?

为什么我们的国家赶不上世界的发展脚步?

我们的精英人才，为什么无法在世界舞台上大显身手?

站在世界舞台上时，这些疑问让人痛心疾首。我们本应在世界上获得更多认可的……很多人心中都会有这种不满和不解吧。

众所周知，日本的技术很棒。日本制造的产品精致结实，全世界也找不出在技术上能轻易超过日本的国家。而且，日本人勤劳、认真，善于为他人考虑，重视和周围人的和谐相处，作为独立的个体，也是值得信任的。关东大地震时，日本人临危不惧、灾后沉着冷静，仍然不失对他人的关爱之心，这些都得到了全世界的赞扬。世界上有很多人都喜欢、敬重具有这种国民性的日本人。

可是，当我们把目光转向政治、经济、谈判或商业领域时，却发现“对日本人的评价并不高”，当然也有一部分例外。但遗憾的是，大部分日本人对于希望日本引领世界、拥有至高的国际地位这一点并不感兴趣。

这是为什么呢?

哪些能力是“全球化人才”不可或缺的

近些年在日本，“培养全球化人才非常重要”的观点大行其道。小学生必修英语就是其表现之一。很多日本人都有一种“必须要成为能活跃在世界舞台上的人才”的危机感吧?

当然，“培养全球化人才”很重要，我非常赞同这个观点。可是，日本人想成为“全球化人才”的必要条件是什么?我觉得必须要认真思考这个问题。

Q：如果想成为全球化人才，应该具备什么条件呢?

如果你在教育部工作，面对这个问题，你会如何回答呢？全球化人才必备的条件究竟是什么呢？听到这个问题，很多人最先想到的应该是语言能力吧。在日本，“全球化人才 = 语言精通”这个关联根深蒂固。

当然，语言能力是必须的。

可是，即便具备了语言能力，日本人就真能统领世界，获得更高的存在感了吗？

我并不这样认为。

想成为被全球化社会认可的人才，更重要的是拥有坚定的价值观、真正的素养。我想，任何一个有过行走世界阅历的人都会赞成这个观点吧。

我认为，日本人最欠缺、最需要的是“仔细思考本质性的事物，形成自己的观点”，还有“坚定主张自己的价值观，寻求交流”。换言之，就是要形成自己的哲学观和价值观，拥有真正的素养。只有形成这种底蕴，才是迈向成为全球化人才的第一步。

提升真正的素养，应对万变的环境

一提到“素养”这个词，很多人就产生排斥和抗拒的反应：“现在再去学习，为时已晚了吧……”“素养”给人的印象就是“难以理解的知识的集合体”和“难以接近的顽固之物”，总之会让人敬而远之。可是，“素养”原本的意思并不是“要敬而远之的顽固之物”。法国著名的政治家爱德华·埃里奥（Edouard Herriot）关于素养和哲学曾说过这样一段话：

> 那是忘却所有之后留下来的东西，是学习了所有之后，仍感觉不足的东西。

我听闻这段话，十分赞同：的确如此，素养正是这样。知识再丰富，也会遗忘。可是，即便忘记了所有，留在你内心深处的信仰、价值观和形成你独特个性的根基却一直存在。这就是“素养”。

也就是说，不管知识再丰富、经验再多，只拥有这些，都不会形成一个有血有肉的人。只有充分咀嚼、消化这些知识和经验，然后独立地思考并有所选择，它们才能为你所用，成为你体内鲜活的血肉。也就是说，这种时间的沉淀才是“学习了所有之后，仍感觉不足的东西”（如图 0-1）。

知识固然重要，但仅有知识却远远不够。对于这种知识和经验之间的关系，你是如何感受、如何思考的，这才是最重要的。

“储备知识”“以此为思考的素材”，这一过程要连贯起来，只有不断重复，才能形成自己的信念和价值观，才能成为支撑你人生的强大武器。当你具备了这种能力，那么，不仅是在日本，哪怕走遍世界各地，也能发挥个人的价值，闯荡出自己的一片天地。反之，若个人没有这种底蕴，无论知识多么丰富，都不会成为优秀的人才。

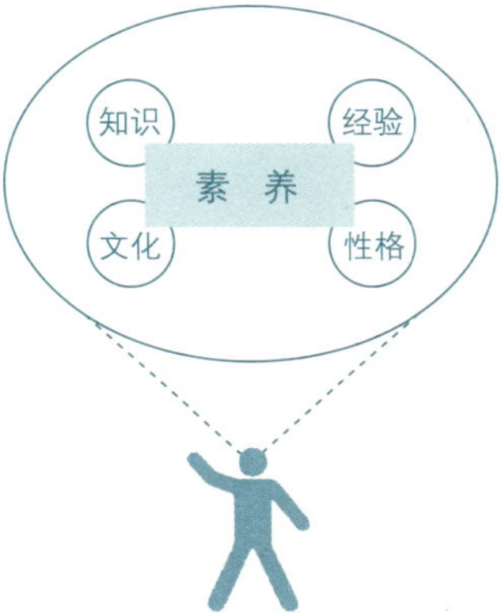

图 0-1　素养是思考的“核心”

因此，**在这本书中，我在介绍“必须要了解的知识”的同时，也会反复告诉大家“那些必须要思考的问题”**。比如，本书的第 5 章，探讨了“国家”这个概念，介绍了思想家托马斯·霍布斯①、

① 托马斯·霍布斯（Thomas Hobbes），英国政治家、哲学家。他创立了机械唯物主义的完整体系，指出宇宙是所有机械地运动着的广延物体的总和。他提出“自然状态”和国家起源说，指出国家是人们为了遵守“自然法”而订立契约所形成的，是一部人造的机器人，反对君权神授，主张君主专制。他把罗马教皇比作魔王，僧侣比作群鬼，但主张利用“国教”来管束人民，维护“秩序”。——编者注

约翰·洛克[①]的思想。但我并不想只作为知识点告诉大家“霍布斯和洛克说了什么”，而是希望大家在了解他们的思想的基础上，知道如何去认真思考“国家”这个概念、如何去看待“国家的作用”这样的问题。

体验“世界名校”的入学考试

简单说说我的职业经历吧：我从日本庆应大学毕业后就进入日本银行工作，后来作为企业留学生在欧洲工商学院（INSEAD）和巴黎高等商学院（HEC Paris）学习经营学和国际金融。再后来，我入职巴克莱国际投资管理公司（Barclays Global Investors），曾

① 约翰·洛克（John Locke），英国哲学家。在知识论上，被称为英国经验主义（British Empiricism）的代表人物之一。在社会契约理论上也做出重要的贡献。他发展出了一套与托马斯·霍布斯的自然状态不同的理论：他主张政府只有在取得被统治者的同意，并且保障人民拥有生命、自由和财产的自然权利时，其统治才有正当性；如果缺乏了这种同意，那么人民便有推翻政府的权利。洛克的思想对于后代政治哲学的发展产生了巨大影响，并且被广泛视为是启蒙时代最具影响力的思想家和自由主义者。他的著作也大大影响了伏尔泰和卢梭，以及许多苏格兰启蒙运动的思想家和美国开国元勋。他的理论被反映在美国的独立宣言中。洛克的精神哲学理论通常被视为是现代主义中“本体”以及自我理论的奠基者。洛克是第一个以连续的“意识”来定义自我概念的哲学家，他也提出了心灵是一块“白板”的假设。与笛卡儿或基督教哲学不同的是，洛克认为，人生下来是不带有任何记忆和思想的。——编者注

经与由欧美顶级名校教授们组成的团队一起工作。如今，我创办了一家以小学生、中学生和高中生为目标群体的学校，旨在培养能活跃在世界舞台上的国际化领军人物。

再说说我们开篇提到的“素养”这个话题吧，我从日本企业走出去，到了西方国家，感受最深的就是“素养的缺乏”。

除了培养能驰骋在世界舞台上的顶尖人才之外，我的学校还针对那些有志于去国际名校读书的初、高中生开设辅导课。那些国际名校的入学考试和日本大学的完全不同，比起掌握知识的多寡，他们更重视考察学生的思考能力。

在这些国际名校里，学生入学以后，不仅能学到丰富的知识，而且学校还会积极地通过让学生深入思考关于“思想”“哲学”的问题来进行“深度思考力”的培养教育。这就是他们的教育课程。与此相比，日本教育体系培养出的学生，虽然知识丰富，但却缺乏思考力和辩论能力，“独立思考、形成自己的看法和主张”这种能力似乎非常不足。因此，本书介绍了很多不同流派的思想家、哲学家的思想，就是希望大家不断去思考“我是怎么想的呢”这个问题。

本书涉及的题目包括“认知”“自由”“经济”“科技观和自然

观”“国家”等诸多方面，介绍的人物包括苏格拉底[①]、笛卡儿[②]、约翰·穆勒[③]、托马斯·霍布斯、约翰·洛克、伊曼努尔·康德[④]、亚当·斯密[⑤]、蕾切尔·卡逊[⑥]、冈本太郎[⑦]等诸多学者。

本书还引用了在牛津大学、哈佛大学等国际一流大学，法国高中毕业会考（高考资格考试）以及联合国录用考试中真实出现过

---

① 苏格拉底，古希腊著名思想家、哲学家、教育家、公民陪审员。他和他的学生柏拉图，以及柏拉图的学生亚里士多德并称为“古希腊三贤”，被后人广泛地认为是西方哲学的奠基者。——编者注

② 勒内·笛卡儿，世界著名的法国哲学家、数学家、物理学家。17 世纪的欧洲哲学界和科学界最有影响的巨匠之一，被誉为“近代哲学之父”“近代科学的始祖”。——编者注

③ 约翰·穆勒，英国著名哲学家和经济学家，19 世纪颇具影响力的古典自由主义思想家。他支持边沁的功利主义。——编者注

④ 伊曼努尔·康德，著名德意志哲学家，德国古典哲学创始人，其学说深深影响了近代西方哲学，并开启了德国唯心主义和康德主义等诸多流派。——编者注

⑤ 亚当·斯密（Adam Smith），经济学鼻祖。创作了经济学巨著《国富论》、伦理道德巨著《道德情操论》。——编者注

⑥ 蕾切尔·卡逊（Rachel Carson），美国海洋生物学家，她的作品《寂静的春天》（*Silent Spring*）引发了美国乃至全世界对环境保护事业的关注。——编者注

⑦ 冈本太郎，日本极负盛名的民族艺术家。他以日本历史上发掘出来的上古时代的出土文物为素材，创作出了一批富有现代审美意义的作品，作品涉及到油画、版画、雕塑、陶艺、摄影和著作等多个领域，被称为日本的“毕加索”。——编者注

的试题，借以让大家思考：**什么才是国际标准的素养**。请你一边学习哲学家们的思想，一边假设：如果你报考这些国际一流大学，你会如何深入思考这些问题？希望你能借此思考："我的思想是什么？我个人看中的是什么？"进而，希望你能理解："周围的人们是如何看待问题的？他们重视哪些问题？"

所以，当你看到书中的提问时，一定不要忽视它们，请合上书认真思考。如果可以，你最好把自己的想法写下来，或是和朋友、知己、同事和家人进行交流。通过认真思考每一个问题，你将一步步提升自己真正的素养，形成行走世界所必需的思考力的基础（如图 0-2）。

图 0-2　加深理解的三个步骤

最后补充说明一点，为了磨练读者们的思考力，作为知识点介绍，本书对哲学家的思想进行了浅显易懂的解释说明。

我建议那些读过本书，想进一步深入思考的读者，一定要找到书中所介绍的原著读一读。那些原著更能启发心智。如果本书能引起大家对一些问题的深入思考，作为本书的作者，我将深感荣幸。

CLASSES 5

目录

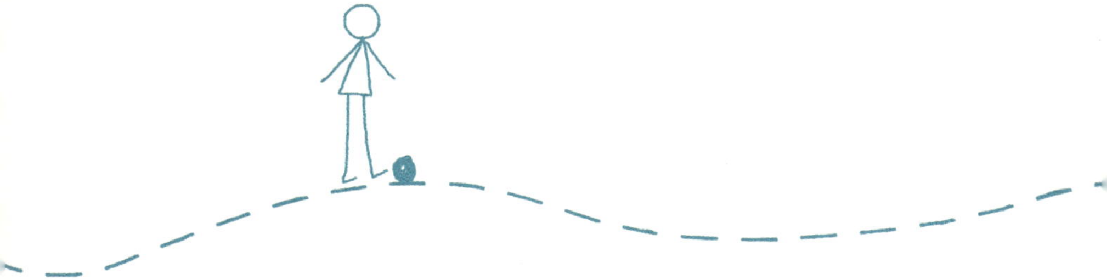

你不是一个人在读书!

扫码进入湛庐“心理、认知与大脑”读者群,

与小伙伴“同读共进”!

5 CLASSES

01

锻炼“认知”

Q：请介绍一下你自己（你的背景、你的想法等）。

选自 2012 年哈佛大学法学院入学试题

这个问题，您怎么看？
扫码关注“庐客汇”，
回复“5 堂思考力训练课”，
快来与我们精彩互动！

思考“你是一个什么样的人”

Q：请介绍一下你自己（你的背景、你的想法等）。

选自 2012 年哈佛大学法学院入学试题

这是哈佛大学法学院的一道真实的入学考试题目。试题要求用文字介绍一下自己，当然，这并不意味着出题者想要知道你的姓名、毕业学校等基本信息。为什么会出这样一道试题呢？其实，世界上有很多大学或法学院、商学院在入学考试中，常常会出现类似的问题：

- 你是一个什么样的人？

- 你究竟是什么人?
- 你的价值观、你的信仰是什么?

这个问题没有标准答案。对于“你是一个什么样的人”这种空泛的提问，考生们必须根据自己的情况进行分析，然后用文字正确地表述出来，回答时应注意技巧。虽然，这个问题看起来再简单不过了，但是却越想越难，甚至让人觉得：这简直是一道世纪难题。

“你是一个什么样的人”在回答这个问题时，我想先说明一个关键词——**认知**。因为，我觉得只有“认知”才是一个用来表达个体的非常重要的概念。比如，当你自问“我是一个什么样的人”时，你能想到的一定是：“你觉得自己是一个什么样的人呢？”假设你认为自己是一个性格开朗的人，那么，这其中有多少是真实的，又有多少是你的认知呢？

你想过这个问题吗？

这或许听起来有些哲学含义。当我们思考“自己是一个什么样的人”时，这种认知就显得非常重要了。

任何经验都只能通过“自我认知”来获取

现在请你思考一个问题：

假设，这个世界上还有一个人和你有着完全相同的经历，那么他（或她）和现在的你是同一个人吗？是和你有着相同价值观、相同爱好、相同判断标准和相同优先顺序，简直是一个克隆你的人吗？

你的回答当然会说“不是”吧。这是因为即便拥有相同的经历，每个人对经历的“理解和接受”能力也不一样，所以每个人的价值观、意义感和影响力也会大相径庭。

我们的经验来自“事实和认知”的复合体。**任何事物，我们都通过“自我认知”这一过滤镜来理解和感知。**这本书接下来会涉及“自由、经济、科技观和自然观、国家”等题目，都需要你的“自我认知”。

因此，在涉及这些题目之前，本章先介绍“认知”的方法会因人而异，以及每个人作为一个个体，在认识事物时分别属于哪种类型（如图 1-1）。

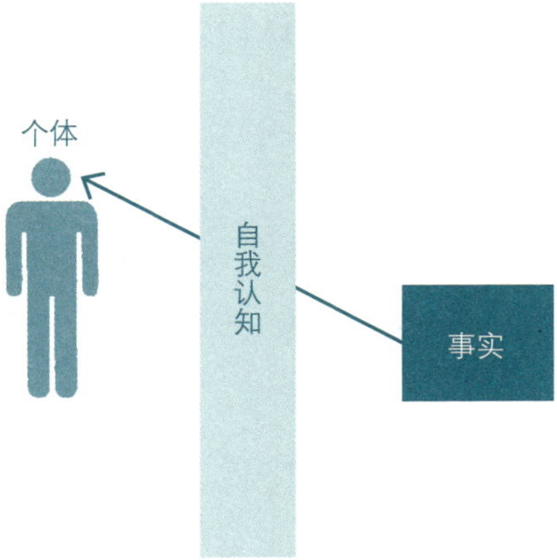

图 1-1　对“事实”的理解因人而异

日本人和希腊人的“真实”不同

平时，在无意识的情况下，对很多事情我们都认为是理所当然的吧？但那只是我们的“认知”，未必一定是“事实”或“真理”。很多人，即便经历相同，但对这些经历的“理解和接受”能力却完全不同。试想下面的情景：

绿灯时，你正在通过人行道。这时一辆自卸车闯了红灯，撞倒了走在你前面的行人，致其重伤。

对于这种情况，你会怎么想？或许你会觉得“这个司机太过分了”吧。这条新闻如果流传到网络上，大概很多日本人都会指责这个司机的行为。

但是，我听一位朋友说，希腊人对这种事情的看法和日本人截然不同。据说，在希腊人看来，“那个自卸车司机当然不对。但认真走路的行人也有责任”。虽然不是所有的希腊人都持这一观点，可事实上，当信号灯变成绿灯后，我的朋友正想迈开步伐过马路时，还是被身旁的希腊人制止道：“等一下！”并被提醒：“行人过马路时也要小心，否则同样可能招来杀身之祸。”

当然，这肯定是受到不同历史、文化、法律和习惯等因素的影响。但不管情况和背景如何不同，“对于同一件事情的认知”都会因国家、地域和立场的不同而不同，并因人而异，这一点是毋庸置疑的。

在这个世界上，对于那些你无比坚定地相信的“真实的”“理所当然的”事情，一定会有很多人和你持完全相反的认知。可见不同的人对于同一个信息，其认知是多么不相同啊！那么你是如何看待事物、认识事物的呢？

这就是我们第 1 章要谈论的问题。

质疑自己“深信不疑”的事情

说到“认知”这个课题，欧美的很多大学都会首先列出柏拉图的《苏格拉底的申辩》（*Apologia Socratis*）一书。

苏格拉底是古希腊的哲学家，柏拉图是他的徒弟，两人都是非常著名的哲学家。苏格拉底本人并没有留下什么著作，他的弟子们著书记录了他的思想，才得以传承到现在。《苏格拉底的申辩》就是其中的一部著作。这本书的前言中这样写道：

> 我（苏格拉底）被神灵说是这个世界上最圣明的人。可是，我自己很清楚，不论是在大事还是小事上，我都不是圣明的人。可是，神灵又不会搞错，所以这让我非常苦恼。

苏格拉底就是这样描述自己的烦恼。你能想象得到苏格拉底的烦恼吗？他虽然质疑神灵所说的自己是最圣贤的人，但又认为“神灵是不会出错的”，这两种思想让他困惑和苦恼。

因此，苏格拉底开始思考：“能否找到一个比自己还圣贤的人，并把发现的事实告知神灵呢？”或许他认为作为一名哲学家，找出确实的反证，并告知神灵，这才是明智的做法吧。然后，为了找到那个比自己还圣明的人，他拜访了在雅典被认为最聪明的人。两个人关于“何为真，何为善”等问题交换了意见。这次对话，让苏格拉底认识到的结果就是：两个人其实（本质上）什么也不知道。

苏格拉底
（前469～前399）
哲学家

不言而喻，苏格拉底是一位“智慧巨人”，知识丰富，还有令人惊奇的深邃思考力。就连这样的苏格拉底也觉得“其实，自己不了解任何本质性的东西”。可是，谈话对方的那位政治家并不这样认为。他自以为什么都知道，自信十足。苏格拉底意识到了两人的不同，以及认知上的差别。在这之后，苏格拉底拜访了很多贤者，与他们进行过各种探讨，但结果都是相同的。

最终，苏格拉底得出的结论是“我什么也不知道，但至少我知道我是什么也不知道的。也就是说，在这一点上我比他们圣明”，所以“神灵并没有搞错”。这就是著名的“不知的智慧”的故事。

在《苏格拉底的申辩》一书中，神灵指的就是“人类，人类中最圣贤的人，就像苏格拉底那样，能领悟到自己的智慧其实没有任何价值的人”。或许苏格拉底就是一个最有知识和智慧的人。可是，神灵说的“圣贤”并不是拥有丰富的知识和智慧。**无论知识多么丰富、头脑多么聪明，只有那些能意识到“自己是无知的”人，才是圣贤之人。**这是一个多么意义深刻、充满智慧的道理啊。

哪些是“真正知道的”事情

到底哪些事情是我们真正知道的，哪些又是我们不知道的呢？

我创办了一家以小学生、初高中生为目标群体，旨在培养全球化人才的学校，学校开设了语言、思想和素养等课程，在讲授“认知”这个课题时，我一般都会先问他们一个问题：你真正知道的是什么？

这个问题不仅是在问你知道什么，重点是在问“你真正知道的是什么”，这个问题，会让学生们以怀疑的态度审视自己的知识，会让他们认识到自己的无知和不解。这是个非常有意义的问题。

Q：你真正知道的是什么？

有没有什么事情是你深信不疑的？如果有的话，那是什么事情？请你认真思考一下。

我的班级里有一个学生给出了这样的回答：“眼睛能看到、双手能触摸到的就是我确实知道的东西。”

然后我问她：“比如说什么样的东西呢？”

她手指桌上的笔记本电脑，说：“我确信这是一台笔记本电脑。”

诚然，或许她说得很对。

接着，我追问：“电脑是什么呢？”如果她能断言桌上的物品是电脑，那她就应该能够说明“什么是电脑”。因为没人会在不知电脑为何物的情况下断言“这就是电脑”。

可是，当我问完“电脑是什么呢”这个问题时，班级却炸开了锅。有的学生说：“电脑是能进行超高速计算的装置。”也有学生说：“电脑是能收发邮件、上网的机器。”“能驱动各种应用的主机。”还有学生从外观上进行了解释：“由显示器、主机和键盘构成的信息处理仪器。”然后，就有学生反问：“那，iPad 也是电脑吗？”“智能手机也可以说是电脑的一种吗？”各种问题接踵而至。

当然，这些说法都没有错。可是，每一种意见都是个人的认知，都没有正确地描述出“电脑”这一客观存在物。这就是“真正知道”这一命题的难解之处。即便是那些终日和电脑相伴、精通电脑内部构造甚至自己就能组装电脑的人，也并非都能简明扼要地表达清楚“电脑”究竟是一种什么样的存在物。

借用《苏格拉底的申辩》一书中神灵的语言，或许“那毕竟是些毫无价值的知识”。只是请你不要误解，我并没有假借苏格拉底之名来表达“知识和经验是无用之物”。反倒是，我以为知识和经验是很有价值的。但是，当我们从“认知”的角度思考问题时，我们要自问：什么是自己真正了解的事情？所以对于那些“我们通常认为是理所当然”的事情，要再次认真思考它们的合理性。

比如，世界上很多人都知道 LadyGaga。可是，大家知道的也许是 LadyGaga 的长相和身材，也许是她的经历，又或许是她的歌曲，如此种种都未必能说是真正了解 LadyGaga 其人吧！你所了解的 LadyGaga 和你邻居所了解的 LadyGaga 会是相同的吗？

如此一来，当我们用质疑的眼光审视世间万物时，我们就会面对“真实存在于哪里”这个终极问题。世界就会因此充满“不了解的事物”。但这正是我们思考“认知”这个课题的出发点。

那么，究竟如何才能从本质上认识世间的“不知道的事”呢？用怀疑的目光看待世间万物，尝试解决这一终极难题的就是我们在下一节中将要介绍的哲学家：勒内·笛卡儿。

四个步骤分辨事物的真伪

勒内·笛卡儿是活跃在 17 世纪法国的哲学家、数学家、物理学家。他留下了著名的醒世名句“我思故我在”，被誉为近代哲学之父。直言不讳地说，他是一位非常严谨的学者，排除一切有疑问的事物，尽最大可能地通过合理尝试，来区分“事物的真伪”。在国际一流大学中，作为掌握合理思考的入门课程，一定会讲授笛卡儿的分析方法。

本章前面提到过“什么是我们了解的，什么是我们所不了解的”“什么才是真实的”这样的难解问题，笛卡儿在《谈谈方法》(*Discours de la Méthode*)一书中介绍了“辨别事物真伪”的方法。

累积“真正了解的事物”

笛卡儿认为，若想分辨出事物的真伪，必须要经过四个步骤：

第一步，大胆地怀疑。

这是一切的开始。比如，你眼前有一个杯子。任何人都毫不怀疑“那是一个杯子”。可是，笛卡儿认为，这种先入为主的观念和迅速的判断是不对的。对待任何事物，在能明确证明它是“杯子”之前，一定要用怀疑的态度去思考：“这真的是一个杯子吗？”这是第一步。现在，请环视四周，你会发现，在你身边被确切证实过的事物少之又少吧！

第二步，彻底地详细分析。

就像前面举过的例子“当我们思考电脑为何物”时，要详细分析它的功能、零部件、用处和用法等因素。

勒内·笛卡儿
（1596~1650）
哲学家、数学家

经营顾问在谈论公司存在的问题时，常一一罗列不同部门的课题、人员配备、操作流程、人员流动、成本管理、交流和指挥系统等因素来进行举例分析，这就是笛卡儿式的分析方法。他们认为：事物只有经过分析，才能看清其真伪。

第三步，将细分化的事物按照“从简单到复杂的顺序”进行分析。

不要立刻分析复杂的因素，而要从“这个我知道”“这个没问题”这样简单的事物入手，脚踏实地地反复思考，这样才能搭建起坚实可靠的思考积木，才能到达真理的高度。

第四步，再次审视，确保没有遗漏。

任何过程都会有陷阱埋伏，最后都要认真彻底地检查，查缺补漏。这就是麦肯锡公司（McKinsey & Company）的经营顾问所说的“枚举分析法”（MECE）[①]。麦肯锡公司看重的这个问题早已在哲学书中有过论述。

① 枚举分析法即 MECE 分析法，全称 Mutually Exclusive Collectively Exhaustive，意思是“相互独立，完全穷尽”。该方法对于一个重大的议题，能够做到不重叠、不遗漏地分类，而且能够借此有效把握问题的核心，并解决问题。——编者注

笛卡儿认为，经过这四个步骤后，如果仍然“能够确信无疑的”就是真实的事物。

分辨事物真伪的四个步骤

1 大胆怀疑

2 彻底分析

3 按照从简单到复杂的顺序不断思考查证

4 再次审视，查缺补漏

分析型认知方式

你如何理解笛卡儿式的观点呢?

在判断他的观点是正确还是错误之前，你是如何看待、如何认识笛卡儿式的分析型认知方式的呢？请一定认真思考。

以怀疑的眼光看待世间万物，可以避免武断。在此基础上，再仔细分类、逐步分析、进行验证，最后彻底检查、查缺补漏。你会感觉到，按照这样的顺序才能探明事物的真理。每个人的感受不一样，或许有人认为分析型认知方式能找出事物的真理，也有人对此有排斥感，从主观上就加以抗拒。

实际上，在以前的哲学家、思想家和科学家中，既有人支持笛卡儿的理论方法，也有人持完全否定的态度。**这种感受和认知方式的不同，正是形成个体的“你”的重要因素。**

看待事物的角度分门别类，你的认知方式属于“分析型”还是“整体型”的呢？可以从这个角度进行思考。

很显然，笛卡儿的分析方法属于分析型认知方式。细致分析，通过确凿的证明来了解事物，他的理论正是基于这种观念之上。以电脑为例，就是要对其零部件、用途和功能等因素进行彻底细分化地分析。其最终的验证结果就阐明了“电脑是什么东西”这一概念，这就是笛卡儿的认知方式。笛卡儿分析问题的出发点是基于对万事万物的怀疑态度，而且也从否定的角度来认识“自我”的存在。他甚至怀疑自身的存在——“自己是真实存在的吗”可是，如果否定自我的存在，那“否定自我的存在”的思考又如何成立呢？这是自相矛盾的。

因此，他才坚持“进行思考的自我毫无疑问是存在的”，他才会说“我思故我在”。这其实就是一句为分析型观点证明自我存在的说法。

掌握“即使分析了，也无法了解的事物”

介绍完笛卡儿的“分析型认知方式”的视角后，再来介绍一种与之完全相反的视角——整体型认知方式。

整体型认知方式不是通过细致地分析认知事物，而是站在更广阔、更宏大的立场上认识事物的本质。中国古代哲学家老子的思想不仅在亚洲受到广泛地追捧，在欧美大学也被广为研究。他在“何为道”的解释中，曾这样说过：

老子
（约前 571~前 471）
哲学家、道家学派创始人

美和丑不是单独存在的。美因为丑的存在才被称为美。善恶也是如此。善因为恶的存在才被称为善。有恶才有善。有无相生，正是因为“无”的存在“有”才会存在。二者绝不可能一方单独地存在。

老子向我们揭示了事物存在着两面性以及大局观的重要性。假设，现在有份可口的菜肴，在我们认知菜肴的“美味”时，会细致认真地分析“调味调得怎么样”“原材料新不新鲜”“火候掌握得如何”，这就是笛卡儿式的分析型认知方式；但抛开事物本身，更综合性地考虑就餐环境、一起用餐的人和用餐的氛围等因素，就是整体型认知方式。

Q：你的认知方式是分析型，还是整体型的呢？

这是个很有意思的观点吧？用这种观点重新审视自己和他人将会非常有趣。

如果意识不到“认知的差异”，就无法进行讨论

分析型认知方式和整体型认知方式的观点的差异也可以被视为“西方观点”和“东方观点”的不同。

举一个在医疗领域中很常见的例子。针对人体患病的问题部位，进行局部治疗的是西方医学的基本方法，这就是分析型治疗；与此相对的是，通过提高人体自身的抵抗力，调节机体平衡来进行治疗的是东方医学的方法，这就是整体型治疗。如今，许多东方医学中开始采用西方医学的方法，而西方医学也会借鉴东方医学的方法。在这种意义上来看，东方医学和西方医学的差异正在逐步缩小。

进一步地，当你与世界各地不同国家的人进行交流时，能意识到“这个人的认知方式是什么类型的”“是西方式的（分析型），还是东方式的（整体型）”，就显得格外重要了。

当不同国家、不同看法的人聚在一起开会时，这种认知上的差异往往会成为大问题。如果你和一个持“只有经过分析才能看清事物本质”的人谈论整体型认知方法的问题，两个人只会像两条平行线一样，不会产生任何思想的交集。分析型认知方式的人有他们特有的真实，而整体型认知方式的人也有“只有他们才能理解的真实”。双方有必要在互相理解的基础上进行交流，即认同“双方在视点和认知方式上都存在差异”（如图 1-2）。

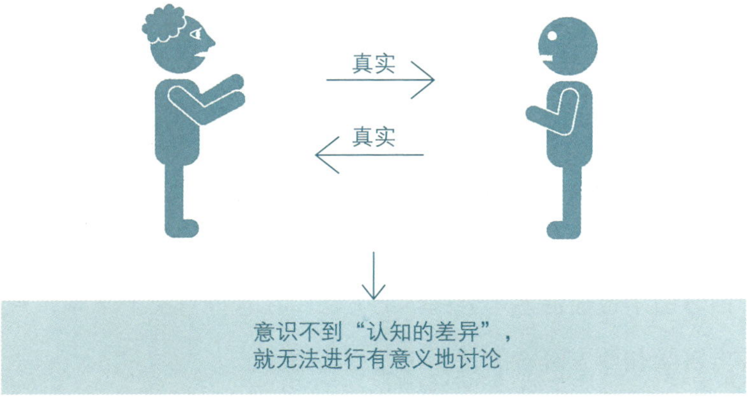

图 1-2　意识到视点的不同

为了能与不同类型的人进行有建设性地沟通，在最初阶段，你有必要了解自己的认知类型（或倾向）：是分析型的那一面强还是整体型更适合你？搞清楚这一点也是回答“你是一个什么样的人”这一问题的重要因素。

我曾经给我们学校的高中生讲解过“笛卡儿的思考方法”和“老子的思考方法”，并问他们：“你们的认知方式更接近哪一种呢？”老子的整体型认知方式得到了更多支持，我想，这或许是因为他们是以一种东方人特有的直觉，敏锐地感受到“即便细致分类、缜密分析，有些东西还是无法领会到的”。

每个人都有“蛋黄”和“蛋清”

除了老子，我再介绍一位生命关系学的专家、药学博士，东京大学名誉教授清水博的观点。他在其著作《场的思想》中写道：认识自己时，不要只考虑“自己本身”，更重要的是还要考虑到自己所属的“场域”。比如，你现在属于某个团体。这个团体可以是你的工作单位、学校、朋友圈或者家族，等等。清水博认为，如果不考虑你所属于的团体或场域，就无法说明你的存在。

这和老子的观点不一样，可以说是整体型认知的视点。

清水博把“场域”和“自己”的这种关系，巧妙地用鸡蛋的蛋黄和蛋清进行了比喻。“自己”具有双重结构，包括“无法简单地和他人融合在一起的坚固部分”“通过和他人的融合而能轻易改变形状的部分”这两个部分。他把这分别比喻成“蛋黄”和“蛋清”。

清水博
（1932~）
科学家

“场域”可以说是用来装打碎鸡蛋的瓶子，而每一个人都是“被打碎的鸡蛋”。鸡蛋被打碎后，蛋清就会和其他鸡蛋的蛋清融合在一起，那么，它和其他鸡蛋的界限就会变得不明显。可是，蛋黄却不会轻易混淆在一起，在瓶子中，它们依旧保持着可以识别出是蛋黄的状态。蛋黄和蛋清构成了每一个“自己”，这就是清水博的观点。

Q：你的“蛋黄”和“蛋清”里都有什么?

你属于什么样的“场域”呢？你一定也有绝不会与他人混淆的“蛋黄”部分，以及能和周围人融合在一起互相影响、能随性改变形状的“蛋清”部分吧（如图 1-3）。

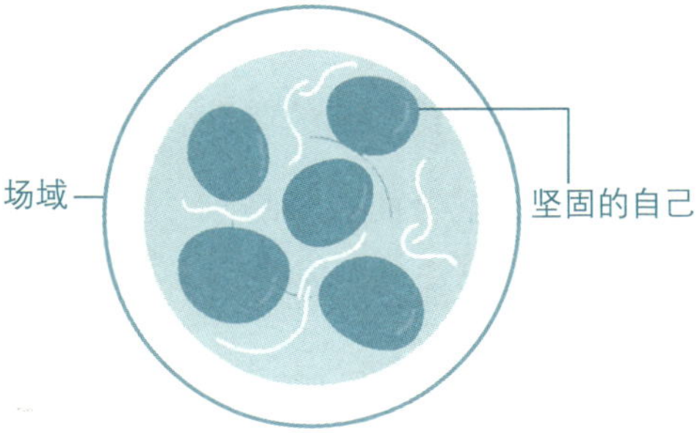

图 1-3 “自己”包括柔软的“蛋清”部分和不能轻易混淆在一起的“蛋黄”部分

在思考“你是一个什么样的人”时，只考虑自己的“蛋黄”部分，而忽略根据不同的场域改变自我的“蛋清”部分，就无法说明“你这样一个人的存在”。

重新审视“自己”和“组织”的关系

说完“蛋黄和蛋清”的比喻，我还想聊聊“个人和组织”。

清水博说的“蛋清融合在一起,形成场域”的这种感觉，作为日本人是非常容易理解的。的确存在着不同的个体，但是个体却不总是完美无瑕和独立的，大部分人都是通过与别人产生一定的交集，改变其“形态”而存在的。这种感觉，在某种意义上来看是非常日本式的。

清水博还说:“当打在同一个容器中的蛋清融合在一起后，鸡蛋（个人）会从‘我’的意识转变成‘我们’的意识。”他认为，融合在一起的蛋清，不仅仅是单一个体的集合，这个“集合体”本身也会被意识到是一个结合体，从而建立“我们”的感觉。日本人经常被认为拥有强烈的“自己是组织中的一员”的意识。与此相反，欧美人却“自己是独立存在”的意识更为强烈。

以前我曾听过一位法国人的演讲。他说，日本人在介绍自己的时候，理所当然地会先说家族的姓氏，然后才说自己的名字。比如，日本人会这样自我介绍：“我叫山田太郎。”这位法国人认为，这种说法听起来很不舒服，他们会先说出自己的名字，比如“我是乔治·华盛顿”，这似乎才是正确的。

这虽然只是一件很小的事情，但也表现出“自我认知的差异”。存在的起点始于个人，还是始于组织？这是一个非常有意思的看待问题的视点。

日本人常这样介绍自己：“我是某某（单位）的某某。”比如，在工作上见到某人，我会很自然地自我介绍：“初次见面，我是某某银行的福原。”几乎没有一个人会说：“我是福原，在某某银行工作。”而且，“我是福原”这种说法，有时在欧美也会产生违和感，他们会纠正道：“福原是你家族的姓氏，你的名字叫正大。”因此，日本人和欧美人的认知是不一样的。

日本文化认为“首先有组织，个人依存于组织”，这是毋庸置疑的，但这绝不是通行世界的观点。清水博所说的“容易将组织和自己的存在视为一体”，可能更像是日本人特有的倾向吧。

我们经常会说“在我们公司……”，但在欧美却听不到这样的说法。他们不会将自己的公司说成“我们公司”，他们会说“在麦肯锡……”或“在通用电气……”。从这种说法中清楚地看出一种意识，即“自己和公司是不同的存在”“他们是独立、对等的关系”。比起自我混合在一起的“蛋清部分”，他们更看重“蛋黄部分”，也就是“自己和他人的分界线”，这也是意识上很大的差异。

你认为正确的事情可能“毫无价值”

如果你在海外工作，能理解和意识到这种意识上的差异尤为重要。西方人通常会严格划分“公司和个人”的界线，也比日本人更清楚地划分“工作和隐私”的界限。

我曾有过这样的经历：

我曾经和一个荷兰人做生意。他很温和，私下里我们会一起吃饭、一起喝酒。不论是在工作上，还是在私人交往上，我们的关系都不错。万万没想到的是，他却在工作现场莫名其妙地对我非常冷淡。说得不客气一些，他带有欺骗性质地利用了我，取得了生意上的成功。我很生气，感到非常孤单，因为我信任他这个人，却感觉被他背叛了。

可是，在他看来，“工作是工作，私交是私交”，他把二者完全分离开。让我吃惊的是，他在那样对待我之后，却像什么事都没发生过一样喊我一起吃饭。他似乎在说“之前只是工作上的事情，我们两个人要和以前一样愉快地相处啊”；但如果遵从日本人的感觉，一定会想“这怎么可能，怎么还能和那样的家伙一起愉快地用餐”，这就是认知上的差异。

我并不想评价他是好人还是坏人，我们对个人、公司、生意或是隐私，所有的认知方式都完全不同。这也许是由不同民族、不同国家的文化背景造成的，但即便是在同一种文化背景下，不同的人也会有不同的认知方式。

总之，“你相信的东西”终归是建立在你自身的认知基础上，未必就是世间一般认可的真理。你觉得“正确”的事情，也并不是不可动摇的“正确”，那只不过是“你认为正确的”。这种真理和认知的差距，不管是个人还是组织都会有。

那么，你要做的应该是怀疑自己的认知。**你认为正确的事情，可能是完全错误的，也可能是毫无价值的。**或许你身边的人就和你的认知完全相反，和你的信仰完全不同，他们会按照和你完全不同的信仰做出判断并采取行动。这正是“认知”的难解之处，也是它的有趣之处。

当然，我们无法把握和理解所有人的认知方法。但是，我认为，我们非常有必要认清一个事实：那只不过是“自己的认知方式”，“别人可能和自己的看法完全不同”。

PRACTICE
思考力练习

了解自己的“认知方式”

在第1章的最后，我们来做个实验，测试你的认知方式。

美国、中国、印度、韩国和日本的大学曾共同做过一项研究：文化上的不同会造成认知方式上的差异，并且从中获得了一组数据。我无法在此一一介绍这项研究的所有内容，只能选取其中的一部分，请大家做个参考。

对照下面的内容，你大概就能知道自己是偏向分析型认知方式，还是整体型认知方式。测试方法非常简单。和一般的心理测试一样，回答下面的问题，根据自己的情况分为7种程度给自己打分：完全不同意的为1分，强烈同意的为7分。下面开始测试。

1. 现在正直的人，将来也是正直之人。

2. 这个宇宙中的万事万物都以某种形式相互关联在一起。

3. 理解一个人的行为，不光要考虑那个人的性格，还要考虑那个人面临的状况。

4. 现在人生取得成功的人，今后也会一直顺利生活下去。

5. 整体大于各个部分加起来的总和。

6. 将来的事情，在现在的基础上能够预测出来。

7. 当多数人意见不统一时，大家应相互让步，寻找一个能采纳每个人意见的办法。

8. 希望大家不要走极端，最好采取中立的立场。

9. 不考虑整体性，只理解部分是不可能的。

10. 比起细节，更重要的是注意整体的流向。

你得了多少分呢?

总分越高于40，你就越偏向整体型认知方式；得分越低越偏向分析型认知方式。虽然，这项测试并不能真正看清一个人的本质，但是，据说在欧美，更多的人偏分析型，而包括日本在内的亚洲国家，更多的人则偏整体型。

如果从每一项来看的话，比如第5题“整体大于各个部分加起来的总和”，对此持赞同意见的人，可以说，大多是擅长整体性思考的人。

换言之，1+1＞2的思维方式，对于分析型认知方式的人来说是无法理解的。可是，对于重视人际关系、和谐统一的日本人而言，“1+1创造出超过2的价值”这是比较容易接受的。

另外，第8题“希望大家不要走极端，最好采取中立的立场”也是一个很有趣的问题。如果这道题得分比较高（赞同程度高），那么，这个人应该是协调性强、注重整体的协调。但另一方面，他们也会背负“在集体中存在感不足”的风险。

这项测试并不是为“你的分析性好”或是“你的整体性好”做结论。这原本是一个为了调查文化、地域差别对于“认知方式”的影响而进行的研究，我在这里借用这个测试只是希望能让大家意识到自己的分析性、整体性是怎样的。

比如，在职场中，总会有一两个人和你的意见完全不同。不是说你们性格不同,而是你们“对于工作的想法”是完全不相容的。对方或许和你之间存在着难以逾越的认知方式上的差别。明白了这一点，虽然不能立刻改善你们的关系，但如能理解“我们对事物的感知方式、认知方式如此不同”，就一定能找到适合你们的交流方式。

在世界各地，和不同价值观、不同生活环境的人接触交往，就像是这种交流的连续扩展。请大家试着和身边的人演练这项测试，你会惊奇地发现你们之间的相同和不同之处，一定很有意思。

THINKING TIME
锻炼思考力时间

哈佛新生必玩的“抓犯人”游戏

在哈佛大学，住进宿舍的新生之间有个习惯——玩“抓犯人”的游戏。简单地说，这个游戏就是“在 20 个人中有两个真正的犯人，通过交谈找出他们”。每个人都通过推理，通过多次少数服从多数的表决后，依次淘汰被认为是“真犯人”的人，最终胜负取决于犯人能否存活下来，或是能否顺利抓出“真犯人”(如图 1-4)。类似这种“抓犯人”的游戏还有好几个，大概很多人都知道。

其实，在我的班级，每年也会玩这个“抓犯人”的游戏，每次气氛都很热烈。游戏中，通过谈话来查找犯人，所以犯人就会不断撒谎证明“我不是犯人”或者转移注意力“那个人很可疑”。可是，每个参与者都不知道谁是“真犯人”，所以也无法判断“谁说的是真的，谁在撒谎”。在这种情况下，每个参与者看重什么，根据什么来查找犯人呢？这就能看出“每个人的认知方式”，非常有意思。

在我的班级，女孩子会注意也擅长观察每个人细小的动作、表情，以及“真犯人”表露出来的眼神的变化以及内心的波动。这就是常说的女性直觉敏锐的意思吧。

但同时也看得出女孩子容易“被周围影响”“被周围同化”，一旦大家都在说“这个人有点可疑”，她们就都会朝着这个方向思考。她们容易受到集团心理的左右。

在这一点上，能看出男孩子比较难被周围影响，他们更相信自己的判断。但这样的男生，容易犯权威主义倾向，容易片面地认为“他这样讲是不对的吧”。

而且，如果有欧美人加入这个游戏中，那感觉又不一样了。目前为止我接触过的美国人和法国人等，他们都不会让其他人的表情影响自己的判断。日本人会观察对方的表情，但他们完全不会。对他们而言，面无表情那是家常便饭。让人惊奇的是他们会面无表情地撒谎。因此，一开始他们就不会相信对方的表情。这也十分有趣。

这当然都只是人们在游戏中的表现，通过“抓犯人”的游戏，多少也能看出一个人如何理解外部信息，并作出什么样的反应。

你注意收集什么样的信息，以及如何理解这些信息，你会受到什么样的影响，才会作出自己的结论？游戏的其他参与者又会对你产生怎样的影响呢？请你带着这些意识，和你的朋友们一起玩一次抓犯人的游戏。你们一定会玩得非常嗨。

图 1-4　每个人的关注点在哪儿都不一样

5 CLASSES

02
掌握“自由”

Q：规定违章停车将判处死刑之后，再也没有人违章停车了，这是恰当而有效的法律吗？

选自 2011 年牛津大学入学试题

这个问题，您怎么看？
扫码关注“庐客汇”，
回复“5 堂思考力训练课”，
快来与我们精彩互动！

掌握“自由”这个暧昧的概念

个人主权的正当界限在哪里?

这是约翰·穆勒在著作《自由论》一书中，向社会（还有他自己）提出的一个问题。换句话说就是:“在社会中，个人自由能得到何种程度的承认?”换言之，其更本质的意义是:“自由是什么?”

你理解的“自由”是什么?

可以尽情地去做自己想做的事就是自由吗?或者，任何自由都伴随着一定的限制吗?如果有限制的话，这个界限又在哪里?在我们生活的世界里，什么是“应该被尊重的自由”，什么是“应该受到限制的自由”呢？

其实“自由”包含了很多要素，比如自由的含义、范围、应该尊重的程度和种类，等等，对这些要素曾经有过很多讨论。如果进一步探讨的话，一定会触及“自由和平等，哪一个更重要”的问题。

Q：自由会受到平等的威胁吗？

选自2011年法国高中毕业会考哲学试题

这是2011年法国高中毕业会考的考试题目。法国高中毕业会考就是取得在法国高考资格的考试。

在法国，只有通过高中毕业会考才能取得高考的资格，这些考试题和日本高考中心出的考试题完全不同，不是靠死记硬背知识点就能蒙混过关的。在法国，无论是文科还是理科，都要考这种哲学问题。进入大学以后，也有很多这种少数人演练的课程，在大学毕业前，学生们会接受更进一步、更彻底的“培养思考力”的训练。

在 2011 年的法国，所有想上大学的高考生都被问到了这个关于“自由”和“平等”以及如何进行区分的问题。这是道难题，可以说是问到了本质。举一个发生在我身边的例子。社会上经常讨论贫富差距、不同社会阶层之间的经济差距等社会问题，可是，不同社会阶层之间的经济差距本不是什么大问题吧。对此你怎么看？

有人认为，“优秀的人付出很多努力赚得大钱，这有什么不对吗”“有人能赚钱，社会认可这样的人，所以经济才会发展”。这是推崇自由的立场。然而，也有人认为，“社会更重要的是富有的人和贫穷的人都能平等幸福地生活，造成较大的贫富差距实在是个问题”“不同社会阶层之间的差距，从整体上来看损害了人们的幸福，危害了社会存在的基础”。不可否认，这也有一定的说服力，是一种信奉平等的立场。

“自由和平等”的论题当然会左右你的生存方式，它也会影响到你对很多事情的看法，比如投票给哪个政党（政治家），税制应该是怎样的，等等。甚至该如何评价公司中的“优秀人才”和“不够优秀的员工”，应给予他们怎样的待遇更加合理。这时候，也会反映出人们关于“自由和平等”的不同态度。

在第 2 章中，我们会深入探讨“自由和平等”的关系，首先想谈一谈“自由”这个作为“前提条件”的问题。“自由”原本应该是什么样的？先从本章开头提到的穆勒的观点谈起。

自由的“气球”能膨胀到什么程度

约翰·穆勒是活跃在 19 世纪英国的哲学家和经济学家。他写的《自由论》作为解决现代问题的名著受到世界精英们的追捧。我认为他的观点概括地说就是：“只要不侵害他人的权利，人就是自由的。”穆勒的这种观点应该是最接近多数人对于“自由”的认识吧。

约翰·穆勒
（1806~1873）
哲学家、经济学家

人基本上是自由的。可是，人不能做给别人添麻烦的任性行为。在某种意义上，我觉得这是一种非常正统的自由观。以前，我曾听一个大学老师这样阐述穆勒的观点：

这里有一只气球。每个人都

有一只气球，向气球里不断地吹气让它慢慢变大，只要不让你的气球碰到别人的气球，它就是自由的。不管你做什么都可以。但是，由于气球在不断变大，所以，它迟早会触碰到别人的气球。那时，就需要做一定的调整，要自我限制自由。

在不触碰到他人的范围内，人可以自由思考和活动。那位老师告诉我们，这就是穆勒的基本观点。这真是浅显易懂、引人产生共鸣的说明（如图 2-1）。

图 2-1　在不触碰到他人的范围内自由活动

对不履行义务的人，让他做出什么“牺牲”都不为过

穆勒还说过：

> 社会不是为了履行义务才通过契约建立起来的。人们接受了社会的保护就有义务对得到的恩惠付出义务，在社会中生存，这一事实本身就要求每个人在与其他人相处的过程中都必须遵守一定的行为准则。

这段话挺长，读起来有些费解，所以我们分解开来看。

首先，穆勒认为：社会不是为了履行义务才通过契约建立起来的。从这句话可以看出穆勒的基本观点是：**建立社会的出发点不是“义务”，而纯粹是“自由”。**

“人是自由存在的”这个观点一开始就有。为了保障这种“自由”才有社会的产生。可是，只要接受了社会的恩惠，那么，人的一部分自由就会被限制，就要承担一定的义务。这是穆勒认为的顺序。穆勒认为的“个人在社会中应该遵守的事情”有两点。

第一，不损害相互之间的利益。也就是说：“已经碰到了别人的气球，却还若无其事地让自己的气球继续膨胀变大，这种行为是不允许的。”这就是指遵守法律，在约定俗成被认为“这是个人权利”的部分，每个人也要遵守规则和道德。

第二，保卫社会或社会中的成员不受侵害和干涉，每个人都必须要付出劳动并为此作出牺牲，每个人都应承担自己的责任。这也是穆勒曾经说过的话，也就是，为了建立社会、维持社会的发展，穆勒认为“每个人都必须要付出劳动并为此作出牺牲”。无论自由多么重要，不付出任何劳动和牺牲而懈怠地生活是不被允许的。

以日本的法律为例，劳动和纳税就是国民的义务，也是个人自由的制约因素。它制约着“不劳动”“自己的钱自己随便支配”的自由。可是，如果用穆勒的理论来解释，就成为了“那是每个人必须担当的责任”。而且，穆勒还严格地规定“对于不履行义务的人，让他做出任何牺牲都不为过”。

这就是穆勒认为的“社会中的自由”。

人必须为他人的幸福而努力

再补充一点穆勒的观点，如前所述，穆勒是信奉自由的。“只要不侵害他人的权利，人就是自由的”，这是穆勒思想的出发点。可是，关于自己的自由观，穆勒还说过：

> 有人认为，我的观点是说只要不涉及自身利益，就可以不用关心他人的善行和幸福，这种看法是不对的。为增进他人的幸福，每个人都应该付出更多的无私努力。

的确，人是自由存在的，但穆勒认为应该关心他人、帮助他人获得幸福、为建设更好的社会而互相勉励是非常重要的。从这句话可以看出，穆勒不是只以个人为中心的自由信奉者。他告诉我们的是，在“社会和个人”关系中，人的“恰当的自由”和“应该有的自由”。

当然，在这个世界上，肯定有些人是从和穆勒完全不同的角度来解读自由的。下面要说的伊曼努尔·康德（Immanuel

Kant）[1]就是其中的一位。

发现自己并没有“按照自己的意志”思考

这一小节我们来聊一聊18世纪德国伟大的哲学家伊曼努尔·康德的思想。

在开始之前，你要再次确定你对“自由”是如何理解的。我想，可能很多人都认为：能按照自己的意志去作决定和行动就等于自由。能按照自己的意志去支配自己的时间的自由、赚钱的自由、花钱的自由，等等，“自由”这个词总伴随着“按照自己的意志去做”的含义。

可是，康德所认为的“自由”并不是这样的，他从不同的角度对“自由”作出了定义。

① 伊曼努尔·康德，著名的德国哲学家，德国古典哲学创始人，其学说深深地影响了近代的西方哲学，并开启了德国唯心主义和康德主义等诸多流派。——编者注

在业余时间上网不是“自由”

康德的观点概括起来就是：人原本就具有正确的道德观（理性），并按照道德观（理性）去行动。只有按照道德观（理性）去行动才是真的自由。总之，康德认为：人在自由行动的时候，才是按照本来的道德观在行动。

自由＝人按照固有的道德观（理性）去行动。这就是康德说的“自由”。

你不觉得这是很有意思的自由观吗？假如，你以为你是在自由行动，但是，如果这个行动是违反了正确的道德观和理性的行为，就意味着那不是自由。举个例子，假如你在下班后，用公司的电脑浏览和工作无关的网页。因为是下班时间，这并不违反规则。可是，旁边的同事却提醒你：“虽然现在是下班时间，但还有同事在加班，所以不要看和工作无关的网页。”你回答说：“在下班时间看自己喜欢的网页是我的自由。”

伊曼努尔·康德
（1724～1804）
哲学家

这时，该康德出场了。

康德问你：“你的行为对照你的道德观和理性，真的是对的吗？”“如果你的行为不能说是人的正确行为，那么它就不是真的自由。你只是被邪恶的欲望迷惑住了而已。”

当然，康德也理解现实中的人们容易放任欲望和感情，未必都能按照理性行动。只是，作为他的哲学思想的出发点（或是其准备阶段），他最先排除了一切人性（邪恶）的部分，完全是从纯粹的道德哲学开始思考，也就是所谓的“形而上学”的思考。它是这样一种认识事物的方法：首先，假设“存在这种理想”的极端状态，然后，推断“自由就是在这种极端状态中的存在”。也就是说，康德规定“人原本就具有绝对的道德观”，还将这种道德观定义为“不被感情和人性的欲望所迷惑”，而且“其存在不受任何人类周围环境的影响”。拥有这种本质道德和纯粹理性的人，被内在的“我要这样做”的思想所驱动的行为都恪守道德观。而且按照“人与生俱来的道德观和纯粹理性”作出的决定和采取的行动才是“真正的自由”。

可能大家会觉得这个思想有些啰嗦，说得简单一点就是，**“因为人是理性的动物，所以只有按照理性行动的时候，才获得真正的自由”**。

你如何看待康德的这种观点呢？

不知何时被外来的信息所鼓动

我想，当听过康德的观点后，可能有些人会想：“即便不遵循人的理性和道德观，只要能够做出自我判断并采取行动，不是也可以说是自由的吗？”

当然，这种自由观也是存在的。

只是，我希望你思考一个问题：如果你做出了判断 A，然后就采取了行动，那么，这个行动真的可以代表你的意志吗？比如你想吃咖喱，然后你就吃了咖喱。看起来这似乎是依照你的自由意志而做出的行为。可是，你其实是受到了外部的某些影响，比如闻到了咖喱的香味，等等，令你不由得“想吃咖喱”，这还能算是你的自由意志吗？按照康德的观点，这就是“受到外部影响的欲望”，而不是来自你本身持有的纯粹理性。也就是说，这种行为不能算是自由的。

人类即使认为“自己决定 = 自由”，也完全能想象到这个决定必定会受到外部环境的影响。受到他人影响之后做出的决定，可以看做是个人的自由吗？说得极端一点，那些处于被洗脑状态的人，不管什么事情都相信“那是自己决定的”，可事实上他已经被别人操控了。

这究竟该解释为自由还是不自由呢？

的确很难回答吧。

Q：你的“自由”意志到底是什么？

在思考这个问题之前，我想再介绍一个人——沃尔特·李普曼①的思想。

李普曼是活跃在 20 世纪的最具影响力的政治评论家。

① 沃尔特·李普曼（Walter Lippmann），美国新闻评论家和作家。传播学史上最具影响力的学者之一，在宣传分析和舆论研究方面享有很高的声誉。传播学领域的奠基之作《公众舆论》的作者。1958 年获得普利策新闻奖。——编者注

1889 年出生于美国纽约，以最优秀的毕业生的身份从哈佛大学毕业后成为了一名记者，在 1922 年发行的传播学经典著作《公众舆论》（*Public Opinion*）一书中，他这样写道：

> 我们一般总是看过之后不定义，而是定义之后再看。我们容易在外部世界广阔而混杂的混沌状态中，选取我们的文化已经为我们界定好的东西，以陈规旧套的形式去感知事物。

如果把他的主张说得简单一些，就是：我们中的很多人，被动地接受陈词滥调，这些信息都是有目的的，但人们往往不加分辨地获得感知。比如，发生了一桩杀人案件，电视、报纸和网络等媒体理所当然地都在大肆报道这件事。

沃尔特·李普曼
（1889～1974）
美国政治评论家、记者

但是，这一案件的概要和详情却未必会被公正地报道出来。它会适应读者的文化要求而被编辑和报道，会让信息的接收方按照信息发出者希望的那样去理解信息。在这个例子中，读者觉得“真是惨案啊”“绝不可以饶恕罪犯”等感知就是“陈词滥调”或是被诱导过的信息。关于这一点，李普曼曾严厉斥责。

有很多人习惯通过电视、报纸和网络媒体获取信息，他们会误以为那是“自己的想法”而鲁莽行事。即便有人操控信息、诱导他人，他们也注意不到，他们会坚信“这是自己的意志”，结果人们的思想渐渐地被同质化。这是李普曼警告世人“舆论”的可怕之处（如图 2-2）。

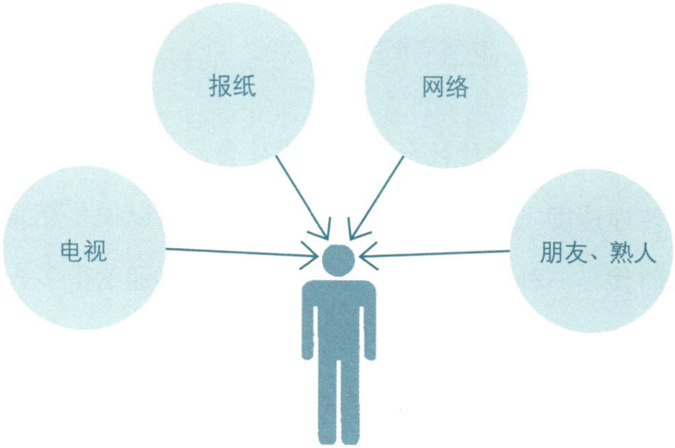

图 2-2　你很难拥有自由意志

这个问题还关系到“你的自由意志是什么”“那真的是你的自由意志吗”，它提出了一个非常重要的问题。假如信息被人有目的地操控了，他人影响了你的思考和意志决定，那么“你的自由”到底体现在哪里呢？你能有把握地说你相信的“自己的决定”，真的是来自于你的自由意志吗？

对于这个问题，康德认为“不是基于纯粹理性的都不是真正的自由”，李普曼则直接提出了尖锐的质疑：“这难道不是获得了被操控的千篇一律的信息，并对它们产生了感知吗？”

你没有“自由”地思考问题

大家都知道现代社会是信息化社会，和几年前相比，信息的传递速度飞速提高。如今这个时代也可以说是充满危险性的时代，一种观点和思潮会气势汹汹地传递给很多人，渗透人们的思想,形成世俗的舆论。现在讨论这件事的功与过，并不能让发达的信息传递技术倒退回去。因此，我觉得我们必须认识到这种危险性的存在。

当今时代,我们无法避免外界信息对我们的影响。可是，坚信“这是我自己的想法”而做出的决定和认识到“这是外来的信息（或许是偏颇的）”之后做出的决定，是很不同的。

如果想获得真正意义上的自由，我们就需要重新审视“信息的接受方法”和“认知的方法”。自由，最简单的理解应该就是“按照自己的意志去决定和行动”吧。可是，如果仔细思考的话，可能会对“意志本身是否是你的自由选择”这个问题产生疑问。**因此，如果想获得真正的自由，首先需要以怀疑的态度审视自己的“自由意志”。**

你只不过是呈现“别人赋予你的人格”

继“自由是什么”这个议题之后，我们再来看看“人生来就在追求自由吗”这个话题。

Q：你真的想追求“自由”吗？

追溯世界上的革命历史，可以说，很多都是“为了获得自由的斗争”。在财产保有、职业选择、思想和生活方式等诸多方面的自由受到限制后，民众为了追求自由而奋起反抗，这就是革命。这样的人类史会让大家都产生一种错觉：人类当然在追求自由。

然而，思考不能在此止步。人真的在追求自由吗？或者，人在追求什么程度的自由？我们仔细思考，会发现还有很多问题并不清楚。

事实上，有的学者就认为“人在逃避自由”，并因此而受到世界范围的关注，他就是艾瑞克·弗洛姆[①]。

人一直在逃避“自由”

艾瑞克·弗洛姆执教于哥伦比亚大学和纽约大学，是一位出生于德国的著名社会心理学家，曾经出版《逃避自由》（*Escape from Freedom*）、《爱的艺术》（*The Art of Loving*）等

① 艾瑞克·弗洛姆（Erich Fromm），美籍德国犹太人。国际知名的人本主义哲学家和精神分析心理学家。毕生致力于修改弗洛伊德的精神分析学说，以切合西方人在两次世界大战后的精神处境，被尊为“精神分析社会学”的奠基人之一。——编者注

多部世界级著作。

弗洛姆在这些著作中的观点是“人在逃避自由”。他承认人们为了自由与当权者进行斗争的历史。但是，**他认为获得一定自由的人不会积极（无限）地追求自由，反而会逃避自由。**

为什么他会说“人在逃避自由”呢？这是因为人获得的自由越多，越容易孤独。

在封建社会和封建家庭里，当然会有很多“必须要这样做”“不可以那样做”的不自由。可是，那可以说是因为我们和社会、家人的关系非常密切的原因。那时个人属于组织、依存于组织、与组织融为一体。如果脱离了组织，人当然是自由的。可是，人在获得自由的同时就会远离一直以来的依附关系以及和他人的联系，就必须作为独立的个体生存下去，这样导致的结果是更容易感到不安。弗洛姆认为，这样，人越自由越容易孤独和不安。

的确，在中世纪的封建社会，人的很多自由受到了限制，人会寻求自由，“为了 ×× 的自由而战”。但这些在弗洛姆看来，都只不过是“消极的自由”。

与中世纪相比，很明显，现代社会保障了人们一定程度的自由。但即便在这样的时代，也不能一味迎合社会，将社会和自我混为一体，而应该继续实现真正意义上的独立，继续保持个性化的自我。但弗洛姆认为人没有在追求这种“积极的自由”。人并不是在追求真正意义上的自由，而只不过在追求“感觉舒适的、受到限制的自由”。在他看来，“婚姻”从某种角度上来说就是“逃避自由”。

如果想实现真正的独立和真正的自由，你就会越来越孤独，逐渐失去和他人的联系。很多人无法忍受这种孤独，因此，即便放弃自由，也要寻求与他人的联系、与社会的联系。

艾瑞克·弗洛姆
（1900~1980）
社会心理学家、精神分析学家

弗洛姆认为：爱、义务、良心和爱国心，这些最终都是人们逃避孤独的方式。

而且，弗洛姆认为亲子关系也是如此。

弗洛姆信奉弗洛伊德，他认

为“幼年期的体验会在很大程度上影响人的人格和行动模式的形成”。所以，孩子在父母的管理体制下逐渐成长，就无法成为积极追求自由、接受孤独的人。弗洛姆认为，孩子因此会舍弃、逃离难以忍受的孤独（积极的自由）。

弗洛姆认为父母对孩子倾注了感情，本来是希望把孩子一直放在自己的育儿袋里，所以当孩子想要逃出育儿袋时，父母就会恐吓孩子、支配孩子。在这种环境下成长起来的孩子，学会了在被圈起来的框架里生活，会逃避真正的孤独和自由。

大部分人的意见只不过是在“鹦鹉学舌”

弗洛姆更进一步地论述了在社会和个人的关系中，“人逃避自由”的观点。

> （现代人）不是在社会中独立存在的个体，他们完全接受了文化模型赋予他们的人格。他们和周围的人并无二致，完全成为了周围期待的样子。

这是弗洛姆的观点。你看起来是作为“你”这个个体而存在的，但其实你只不过是（无抵抗地）接受了那个被社会赋予的“你”的个性。他认为，这样“你”的个人存在和外界要求的“你”的存在之间的矛盾就消失了。

我觉得弗洛姆的观点准确地揭示了现代“社会和个人”的关系现状。

李普曼在《公众舆论》中也提到过类似的话题，弗洛姆说：“如果询问普通人对政治的看法，人们多多少少都会把自己在报纸上读过的‘正确的’报道作为自己的意见吧。”如今这个时代，个人和社会一体化程度如此之高，这是一种警示。

弗洛姆说：“人并没有在追求自由，而是通过个人和社会的一体化，放弃了作为个人的存在。”弗洛姆并不认为“人生来就想逃避自由”。他承认，人本质的愿望或欲求是愿意追求自由的。但是，他认为教育、社会现状和环境让人无法接受孤独，进而宁愿选择适应周围的人和社会。也就是说人开始逃避自由。

那么，你对弗洛姆的这种观点有什么看法呢？

你真的在追求自由吗？

你所追求的自由到底是什么呢？是什么程度的自由呢？

在“社会和个人”的关系中，你作为独立的“个人”，真的是自由的吗？

在李普曼和弗洛姆的观点里，包含了生活在现代社会中的我们所必须认真面对、深度思考的几个重要问题。

注意到平等主义中“不易被发现的害处”

前面我们探讨了“人在追求自由吗”“大多数人追求的自由是什么”这两个问题。也就是说，我们思考了你所追求的“自由的程度”。

在思考“追求什么程度的自由”时，不能回避的话题就是“自由和平等”。

极端而论，世上所有的制度都是“在自由和平等中寻找平衡”，“结论”已经决定。比如，资本主义社会原则上是认可企业自由活动、获取利益的。但是，这并不意味着企业为了追求利益就可以为所欲为。如果企业意图通过不正当的途径占领市场，或是企业之间互相勾结抬高销售价格等，就是“过度的自由”，国家就会制定《反垄断法》这样的法律来界定“公平和平等的状态”。

另外，世界上很多国家都制定了“高收入者理应缴纳高额税费”的规定，但是，为什么高收入者必须缴纳高额税金呢？是说高收入者比低收入者占有更多的公共财产（警察、消防、道路和铁道等基础设施）吗？

并不是。

即便如此，世界上很多国家也都认为：赚得多的人理应多缴纳税金，回报社会，这是公民的义务。在某种意义上，这也是将平等融入自由里的思想。或者说是自由和平等的平衡问题。

在思考“你所追求的自由是什么”时，一定会遇到这个问题的另一面“你所重视的平等是什么样的”。自由和平等并不是可以二选一的问题。我觉得，这就像是在调节左右两个音响的平衡时，如果将刻度向右稍微动一点，自由的比重就会加重；如果向左调回一点，平等的重要性就会增加。

日本现在的政治局面如果从“自由”和“平等”两个角度大致分类的话，自民党（自由民主党）就是一个比较重视自由的政党。他们推行“民营化、缓和规制”等市场自由化的做法，能促进社会的良性发展。与此不同，民主党是一个比较重视平等的政党，他们强烈主张“对困难的人士进行经济上的资助”“高速公路免费通行，让大家都能尽享便利”。

这些政策能不能实现先另当别论，讨论政治时，关注不同政党的“自由和平等”的平衡问题也是个不可缺少的重要视点。

“平等”比“自由”更受到喜爱

说到“自由和平等”的问题，有必要说一说活跃在19世纪法国的政治思想家亚历西斯·德·托克维尔[①]的主张。

---

① 亚历西斯·德·托克维尔（Alexis de Tocqueville），法国政治思想家和历史学家。最知名的著作是《论美国的民主》（*De la démocratie en Amérique*）和《旧制度与大革命》（*L'Ancien Régime et la Révolution*），这两本书中探讨了西方社会中民主、平等与自由之间的关系，并检视平等观念的崛起在个人与社会之间产生的摩擦。——编者注

首先托克维尔认为："完全自由和完全平等的社会是理想型的，但现实中这是不可能发生的。"如果追求完全的自由，就必然会产生不同阶层间的贫富差距和不平等；如果想纠正这种不平等，自由就会受到限制。

的确，想让自由和平等同时完美地存在似乎是不可能的。那么，你觉得人更重视自由，还是更重视平等呢？

对于这个问题，托克维尔明确地回答说："通常人们觉得平等比自由更可贵。"究其原因，他认为，"自由有时带来的危害是直接性的，而平等所产生的危害只会逐渐地显现出来"。

Q：你认为平等有什么"害处"？

举一个浅显易懂的例子。有两个饥饿的人，一个是有钱人，而另一个是穷人。这时，面包师拿着两个面包出现了。有钱人说："我给你很多钱，你把两个面包都给我吧。"穷人没有能力与有钱人抗衡。结果就是：有钱人独占了两个面包，而穷人只能继续挨饿。

假设这就是“自由有时会带来的直接危害”。在这个直接影响下，很多听过这个故事的人都会认为：“面包一人一个不就行了吗”“即便是有钱人，两个面包都拿走也太不像话了。”这就是追求平等的思想。

可是，平等也不是没有危害的。比如，两个人平分了两个面包。这和一百个人平分一百个面包是一回事。大家共享面包，这让每个人都很高兴。的确，在那种情境下或许是这样。可是，你有没有想过在大家分享面包时有钱人的心情？原本，他可以依靠财力填饱肚子，但因为平等主义，他无法独享面包，也只能和大家一样吃一小块面包，内心肯定不好受吧。

历经此事，你觉得那个有钱人第二天还会努力工作吗？不管努力不努力，能不能赚到钱，能吃到的面包数量都是一样的。**在这种平等的社会里，他将失去努力工作的动力。如此一来，大家都会逐渐丧失劳动的欲望，这种不求上进的消极情绪会蔓延到整个社会，**

亚历西斯·德·托克维尔
（1805~1859）
政治思想家

社会整体的经济实力就会减弱。这就是“平等带来的危害”。

可是，“平等带来的危害”和“自由带来的危害”相比，并不那么直接。至少，眼前看不到挨饿的人。“平等带来的危害”会逐渐发展，造成人习惯于此，意识不到问题的存在。并使人只是漠然接受事态的存在，变得不求上进。托克维尔非常尖锐地指出了这个问题。

平等会造成“个人主义”

你可能注意到了目前谈论的情况，托克维尔认为“自由应该受到保护”。除此以外，他认为平等还可能带来另一个危害：“社会会变得比较个人主义”。

听到这话，一定会有人问：“为什么”

很多人会有这样一种感觉：自由社会更具个人主义，平等社会更偏集团主义。可是，托克维尔的想法恰恰相反。他认为平等才会遮蔽人与人的联系，带来个人主义。不管干多少，收入都没有太大差别。不管是居住还是饮食，在生活的其他方面，也没有太大差别。如果长期生活在这种状态下，人们就会对很多事情失去兴趣和动力，对身边的人也会越来越漠视，人们会忘记互帮互助的精神，丢失齐心协力“干出点成果”和“努力提高效率”的动力。因为，保障人们生活的是国家制度，而不是人与人的联系。

托克维尔认为，其结果就是不关心周围的个人主义愈演愈烈，造成“自由很重要”的假象。其实他从法国来到美国，亲眼目睹了自由的美好。正因为有自由，人们才会拼命工作、齐心协力、互相依存，建设更好的社会。托克维尔认为这就是“美国的美好”。

托克维尔看到的不是现代的美国，而是19世纪的美国，那时的美国在世界中的地位与如今也大不一样。可是，美国致力要建设的“自由之国”，会给人以憧憬和希望，给社会带来生机与活力，这一点无论何时都是一样的。

为什么日本人不施舍流浪汉

我并不是完全支持托克维尔的主张。但根据我在美国的经历，我的确感受到“正是因为有了自由，才孕育出互帮互助的精神”。

无论在日本，还是在世界其他国家，都会看到流浪汉们坐在路边，面前摆放一个空杯子。很多美国人、英国人看到这种场面都会频频投给他们一些钱。当然这只是我的感觉，我觉得和日本人相比，他们更富有慈善精神。我曾经问一个美国朋友：“为什么要频繁地投给他们钱呢”他若无其事地回答说：“这是社会精英，也就是我们这样一群人的义务。”因为我们身处自由的社会，才有幸获得更多的收入，可是世界上还有很多经济窘迫之人，我们理所应当去帮助他们。这种想法深埋于心。

日本人比美国人更“偏重平等”，日本人不施舍流浪汉，我认为原因在于日本人似乎认为“那是政府部门应该做的工作”。

托克维尔把美国的精神、社会形态和意识流视为“公共道德”并给予很高的评价，他还说平等引发的个人主义会“造成公共道德的枯竭”。这和第3章要说到的“经济”有很大的关系，平等主义原本就是基于“大家平均分享一块大比萨”

以及“这对大家而言是最幸福的状态”这一思想。

与此不同的是，自由主义和资本主义建立在“有人分享的多一些,有人分享的少一些。这很正常”的基础上。很明显，这是一种不平等。只是，希望大家不要忘记：资本主义最本质的观点是“如果把比萨做得足够大，即便每个人分到的分量不同，但最终，每个人都会获得幸福”。也就是说，**与其大家均分一个小比萨，不如不均分一个大比萨，这样大家的利益可能都会大一些**（如图 2-3）。托克维尔之所以批判平等、赞美自由，也是因为受到这种思想的影响。

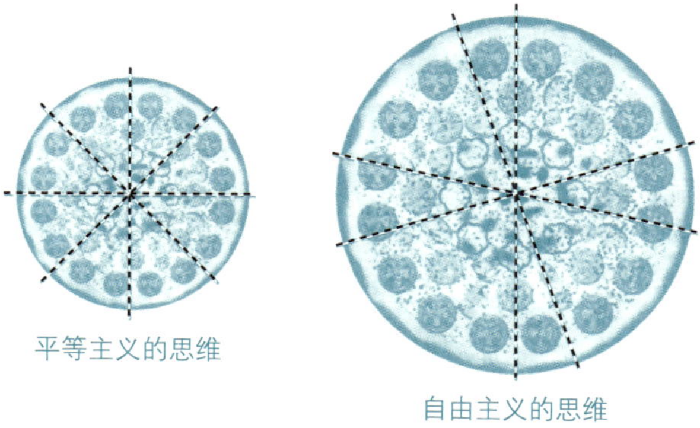

图 2-3 均分比萨，还是不均分比萨？

虽然经历过日本泡沫经济大崩溃、雷曼事件[①]，但我们都知道，过度的自由主义和资本主义同样存在很大问题。在经济层面，每个社会都存在一个问题：“应该给予一个人多大程度上的自由。”因此，希望大家认真思考关于“自由”和“平等”的问题。

置身世界舞台，你会遇到持各种各样价值观、独特自由观的人，或许你将在各种场合下遇到这个主题。对于世界级精英人群而言，这是日常交流的内容之一。任何一次语言的交流，你的价值观都会受到拷问。

你希望自由和平等保持怎样的平衡关系呢？

你追求的自由到底是什么？

---

① 2008 年，美国第 4 大投资银行雷曼兄弟由于投资失利，在谈判收购失败后宣布申请破产保护，引发了全球金融海啸。美国财政部和美联储协助挽救濒临破产的贝尔斯登，却拒绝出手拯救雷曼兄弟的做法引起重大争议，市场信心崩溃一发不可收拾，股市也狂泻难止。——编者注

思考“死亡的自由”

在“自由”这一章的最后，我想进行一个小演练。

题材涉及“生命”和“死亡”。在世界上，很多医科大学的入学考试或面试中，都会问到下面这道题：

> Q：你对安乐死和借医生之力自杀的情况有什么看法？

PRACTICE
思考力练习

安乐死和有尊严的死是在世界范围内被广泛讨论的问题。

当一个人罹患了现代医学所无法治愈的疾病时（比如癌症末期），人就有结束自己生命的自由。一个没有生存可能的人，如果不堪忍受痛苦，自己期盼死亡的话，就有选择死亡的自由吧。

应该给予这个被告什么样的“量刑”呢

下面要介绍的是我在课堂上给学生讲过的一个事例。这是起真实案例，如果你是裁判的法官，你会如何裁决呢？或者你是审判员，你会如何阐述你的观点呢？这是我们这次演练的目的。事情的经过大致如下。

> 被告高中毕业以后就帮家里干农活，担任村里的青年团团长，是个非常认真的青年。
>
> 有一天，被告的父亲突发脑溢血病倒了。虽然挽回了生命，但也只能在病床上度过余生。不久之后，被告父亲全身瘫痪，无法独自进食，大小便失禁，完全依赖家人的照顾。手腕、脚腕弯曲变形，稍微一动就会大喊疼痛。有时癫痫发作会持续两三个小时。难以忍受剧痛的父亲会大喊“我想死”“杀了我吧”，每次看到癫痫发作的父亲疼痛难忍的样子，被告（儿子）都不忍直视。
>
> 为了让父亲脱离苦海，最终被告把农药加在了父亲的牛奶中。对此一无所知的母亲把牛奶拿给了被告父亲喝下，导致被告父亲中毒身亡。

这是昭和36年（1962年）发生的真实案例。

你如何看待被告的这种行为呢?

你觉得对这个被告给予什么样的判决合适呢?

我不是司法专家，所以无法解释清楚这一案件引发的争议焦点是：是否具有否定违法性的事由?（违法性阻却事由）。当然，被告的行为肯定触犯了法律。下毒致人死亡，这符合刑法的构成要件。只是，不能仅仅依据这个做出判决。即便触犯了法律，也应考虑有没有充分的理由否定其违法性。比如，即便杀了人，如果那是正当防卫的话，就可以判断“行为本身是违法的，但其不具违法性”。也就是说，争论的焦点是“被告的行为是否违法?”。

你会如何判断呢?

当我在班里和学生们讨论这个问题时，学生们提出了各种各样的意见：

“被告的杀人行为，理所应当接受惩罚。”

“在违法性这一点上，还有酌情量刑的余地，可以避免一刀切的杀人罪判决。”

“为什么不能采取别的办法呢?”

“别的方法说得简单,可实际上还有什么别的选择吗?”

“如果法律上承认安乐死,那还会发生这样的悲剧吗?”

大家从不同的角度展开了讨论。结论是，这名被告得到了有罪判决（判刑2年，缓期2年执行）。这个判决合适吗？或者说这一判决是重了，还是轻了呢？这一案件不仅具有司法上的意义，而且还让我意识到了很多重要的问题。

当然，对于被告的这一行为我并不是完全无条件的接受。不能仅仅因为亲人无法忍受病痛的折磨，没有治愈的希望，自己想死就可以轻易地判断“杀人是被允许的”。

但是，现实问题是：如果我们亲眼目睹亲人受苦、看不到治愈的希望，我们应该怎么做呢？就像我的班里有学生认为的那样，认可安乐死就真的能解决问题吗？

社会不允许“死的自由”

穆勒认为，只要不侵害他人的权利，人就是自由的存在。按照他的理论，或许“结束自己生命的权利”也应该是属于个人的权利吧。但同时，考虑到一个人的死一定会麻烦到别人，比如死后如何安置等问题，所以死也不仅仅是“一个人的自由”。或者，用康德的观点来看，“选择死”的行为从道德上、理性上来讲是正确的行为吗？如果缺乏“正确性”，那就不是自由。这种想法是存在的。

在我的班里，也有学生认为，如果不能深入思考“安乐死是否是正确的行为”，那就不能武断下定论。关于这个问题，我曾经听某知名大学医学院的老师说：“如何判断‘说想死’是患者本人的意志呢？这种意志是不是真实的呢？”这才是大问题。即便是患者本人说“想死”，那么，如何判断这是其“真实的意志”呢？或许那只是一时想不开，或许是不愿再麻烦照顾自己的亲人。因此，那位老师的观点就是：不能轻易地承认安乐死。

关于安乐死的问题，还有一部分人担心：如果承认了“人有选择死亡的自由”，那么，自杀人数会不会增加？

另一方面，也有人认为，日本的老龄化日趋严重，如果不承认安乐死，一味地采取医疗救助措施延长寿命，会造成医务人员不足、医疗费用支出增大的问题，并使这些问题继续恶化，为社会带来巨大的压力。比起个人自由，这种观点更优先考虑社会的利益。

你如何看待这个问题呢？

这是每个人都将面对的问题，对于日本——这个老龄化程度越来越严重的“科技发达国家”，这的确是一个大问题。

THINKING TIME
锻炼思考力时间

让牛津大学考生为难的考题

2011 年，在牛津大学入学考试的口试题中，有这样一道题：

Q：规定违章停车将判处死刑之后，再也没有人违章停车了，这是恰当而有效的法律吗？

选自 2011 年牛津大学入学试题

你会如何回答这个问题呢？

这道题虽然是以我们身边的题材为例，但其实它包含了很多思考问题的角度。其中的一个角度是：它引导我们思考“法律到底是为了什么而制定的”。如果法律的目的只是“消除犯罪”“预防再次犯罪”，那么，这个法律就取得了 100% 的效果。不再有违章者，这可以说是最高效的法律。如此想来，不仅是违章停车，如果把世界上的所有罪犯全部判死刑的话，都会产生这种效果。按常理来说，世界上的犯罪率就会急剧减少，带来“可喜可贺”的局面。

但是，这样真的好吗?

制定了这样的法律，我们就能富足、幸福地生活下去了吗?

这总让人觉得似乎哪里有些不对劲。

我们换一个角度来思考法律的目的和“人”应该考虑的事情吧。比如，我们从“洗心革面”和“重生”的角度来看，如果“法律”包含“给罪犯一次重新来过的机会”的目的，那么就不能“一概而论地全都判处死刑”。而且，从“人必须补偿犯下的罪过”即“罪与罚”的平衡角度来看，“违章停车即判死刑”怎么想都会觉得量刑过重。大多数人都会感觉违章停车并没有达到必须“以命偿还”的罪过。

那么，又有一个新的难题接踵而至：“犯下的罪”和“受到的刑罚”之间的平衡点在哪里?

如果在日本违章停车，将被处以 1 万 ~3 万日元的罚款，这样合适吗? 你觉得罚金高吗? 还是你觉得罚的少了呢? 1 万日元对于有钱人和穷苦人来说，分量是不一样的。同样是违章停车，却受到实质上分量不同的“罚款处置”，这本身就是不公平的吧。从这种意义上来说，“违章停车即判处死刑”似乎变成是非常公平的法律了。这真是越想越有趣，引人深思。

还有一点，当我看到牛津大学的这道题时，我觉得这里面还存在“家长作风”的问题。家长作风简单地说就是“父权主义”——像父亲一样推行强权：“不允许这样做。”如果国家和政府颁布“违章停车判处死刑”的法律，那就是强权政治，也是家长作风的表现。国家强制国民做到的不应该是不违章停车，而是要让大家都能心情舒畅地出行，也就是“正确的行为”。这样才不会引发问题。而且，过度的家长作风也存在其他弊端，它会剥夺个人的自由，危害人们“思考的习惯”。“这不可以做”“那不可以做”，在严苛教育环境下成长的孩子将变得不会自主思考，心理上会认为“只要按照父母说的做就行了”。

如果全体国民完全依赖政府，大家都按照政府制定的规则去生活，这样真的好吗？

那么，人还是自由的吗？

这样的社会可以说是“尊重个人”吗？

这样的政府总有一天会失控，变得强权和独裁吧？

对以上问题，你怎么看?

“违章停车即判处死刑，这是好的法律吗? ”牛津大学的这道入学考试题绝不仅仅是一道只回答“好”或“不好”的二选一的简单选择题，你一定要发掘其所触及的广泛而又有深度的主题，一定要说出“你自己的想法”。

这个问题，您怎么看?
扫码关注“庐客汇”，
回复“5 堂思考力训练课”，
快来与我们精彩互动!

5 CLASSES

03
了解“经济”

Q：你认为政府应该介入市场经济吗？还是应该听由市场调节？

看一下当代世界经济形势，不得不提的就是2008年的雷曼危机，这一经济事件让全球都陷入了金融风暴的恐慌中。

Q：你如何看待2008年的金融风暴？

有人认为金融危机是资本市场过度重视市场作用而引发的问题，也有经济学者和经济评论家认为这场危机发源于次贷危机，是“贫富分化引发的问题”，是“资本主义的界限”。不管持哪种观点，它都引发了世人对“资本主义真的能让人幸福吗”这一根本问题的思考。

也可以说它提出了一个问题：“资本主义真的能持续存

在吗？”

在资本主义的名义下，自由进行经济活动获取利益真的是正确的吗？

个人（或者是社会）应该如何看待贫富差距和经济的阶层之分？如何对待它们？日本有必要成为世界屈指可数（即便很可能只是昙花一现）的经济大国吗？

我们要思考的问题其实堆积如山。讨论的过程会涉及公司属于谁，人为谁存在，应该做什么样的活动等问题。这些问题都是与你的日常生活和工作密切相关的大问题。本章主要讨论以下两个问题：

- 什么样的社会体系和经济制度是必要的？
- 政府应该做什么？

本章将介绍几位思想家的观点，希望能引起大家的思考。只要你是社会中的一员，就无法对这些问题袖手旁观。在探讨这些有关经济的根本问题时，首先要介绍的就是因提出“看不见的手”而广为人知的亚当·斯密。

掌握经济学的基本原理

亚当·斯密是活跃在18世纪英国（出生地是苏格兰）的经济学家。他写下了被誉为现代经济学基础的名著《国富论》。大概很多人在社会课程上都听过他的名字。

我觉得，如果想要很好地理解他的经济学理论，第一要务是必须清楚“**劳动是他的思想的出发点**”。他认为：所有国民的劳动，都是为一国之民的消费生活提供必要的原物质。**直白地说就是：你劳动，你就创造了你生活必要的物质。**这就是经济的基础。

但是，在无法自给自足的那个时代，一个人是不可能创造出必要的一切的。关于这一点，亚当·斯密也说过：“在分工明确的世界里，人通过自身劳动创造出的只是自我需要的其中一部分。”这时就产生了交换这个系统。

亚当·斯密
（1723~1790）
经济学家

在自己生产的东西中，把那些剩

余的（自己不用的）部分拿出来和别人交换。比如，你摘了100 根黄瓜，自己留下 10 根，你把剩下的 90 根用来交换西红柿、大米和鱼。这样，你就能得到很多东西，生活也能够因此丰富起来。

可是，如果总是这样物物交换的话，效率非常低，很费功夫。比如，我想要你的黄瓜，可是不凑巧，我今天没有西红柿。所以，交换不成功。这样的情况如果频繁发生，效率就无从谈起。

然后作为一种可以表现“物品价值”的代替品应运而生，人们开始使用金属作为这种“代替品”。大家都认可并信任“只要持有这种金属，就可以和一定价值的东西进行交换”。这就是货币的诞生，也是货币经济学的开始。

价格无法由自己决定

从物物交换发展到货币经济时代，就产生了一个新问题“如何决定价格”。因此，如何用“货币”这个统一基准来衡量世上所有物品的价值，就成了一个非常重要的问题。关于这个问题，亚当·斯密给出“自然价格”和“市场价格”两种价格表示，进行说明。

自然价格是指根据商品本来的价值，自然决定的价格。说得通俗一些，可以认为它是“商品固有的正确价格”。亚当·斯密认为，自然价格是由“劳动量”“土地价值”和“利润”3个要素决定的。比如，你在种植黄瓜时，你的“劳动量”是500日元，“土地价值”1 000日元，如果把“利润”设定为成本的20%的话，就再加上300日元，这样总计就是1 800日元。这3个要素如果在地域性和时代性上是恰当的，那么黄瓜的价值即自然价格最终就是1 800日元。

可是，又有一个问题出现了：市场并不是简单的事情，定好价的商品出售时未必会按照这个价格卖出。在实际交易中，卖出价格可能会高于自然价格，也可能会低于这个价格。比如，你想以1 800日元的价格卖出黄瓜，但别人如果说：“贵了，1 500日元吧。”你可能也会卖掉。或是当你想以1 800日元的价格卖给A时，B突然出现了，说：“我出2 000日元，你卖给我吧。”考虑到这些情况，亚当·斯密将实际交易价格称为“市场价格”。

“看不见的手”的作用

他还在表述决定市场价格的因素时，用了“需求和供给”这一非常重要的概念。

亚当·斯密说：“市场价格受到有意支付商品自然价格的人的有效需求的左右。”也就是说，当供给市场的商品（供给）没有达到有效需求（即真心想买、能够购买的人）的数量时，有意购买的买方之间自然会发生竞争，市场价格会超过自然价格。

比如，1 升水的自然价格是 100 日元，发生自然或人为灾害时，水的需求量会增多，从而形成买方竞争，1 升水的价格可能会涨到 200 日元、300 日元甚至持续飙升。看到这种情况，企业就会增加水的生产量来用于销售，那么，供给量就增加了，过不了多久就会超过有效需求。

当然也会有相反的情况发生，市场价格低于自然价格，1 升水的价格降至 80 日元、70 日元甚至更低。这时，企业自然会减少水的供给量，供给量减少了，水的价格又会逐渐回升，变成 90 日元、100 日元。这种情况会反复发生。

因此，亚当·斯密认为，自然价格是不断牵引所有商品价格的中心价格，商品的价格总是会接近这个中心。虽然市场价格短时间内会起伏不定，但最终，需求和供给会以自然状态取得平衡，接近自然价格。这是亚当·斯密的观点，也就是世人所说的“看不见的手”理论，如图 3-1。

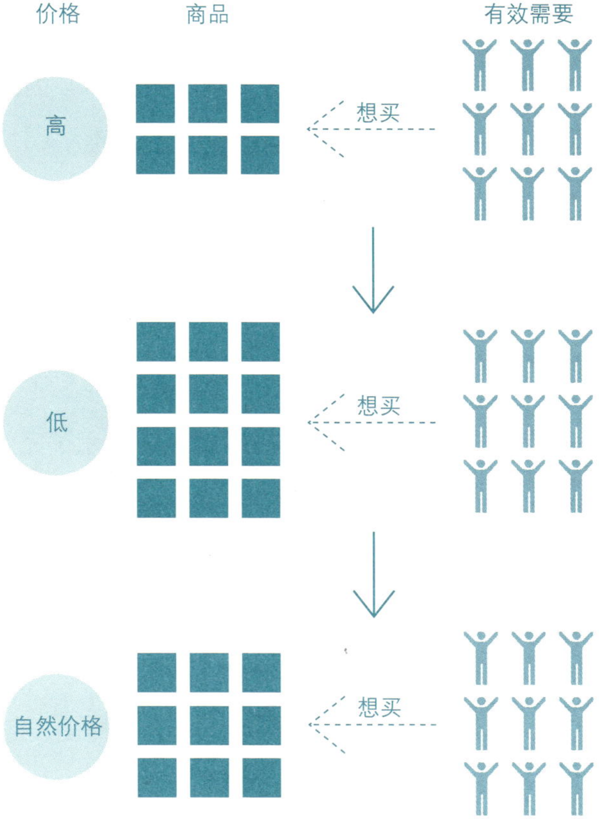

图 3-1 “看不见的手”的作用

亚当·斯密分析了这种规律，提出了新的观点，被称为“经济学之父”。“一切交由市场调节”“看不见的手完美调节一切”，这些思想正是经济的根本。**如果人们自由地从事经济活动，需求和供给就会自然地取得平衡，市场会决定适当的价格并确立合理的交易。**

你如何看待亚当·斯密的这个观点呢？不必因为这是“经济学之父”所说的话，就觉得一定是正确的。

他说的真的是正确的吗？

经济活动完全依赖市场调节，经济就一定能正常运转，人们就一定会幸福吗？

下一节我们将介绍质疑资本主义经济，揭示了完全不同的社会存在的卡尔·马克思的观点。

有些人不工作却掠夺钱财

卡尔·马克思是活跃在 19 世纪的德国思想家、经济学家。

他是马克思主义的创始人之一，他写的《资本论》是批判资本主义经济的代表之作，是共产主义、社会主义运动的理论支柱。马克思认为资本主义存在哪些问题呢？让我们一一来看。

在马克思看来，经济的出发点也是“劳动”。他提出劳动价值观，认为“一切商品的价值都与包含在商品内的劳动量成正比”。在“劳动是经济的出发点”这一点上，马克思和亚当·斯密的观点并无不同。还举刚才的那个例子，你种植黄瓜，其价格由市场决定，可以交换得到金钱，你可以用换来的钱买大米、买衣服。马克思也没有批判这种行为本身。从黄瓜这个商品开始，交换货币，使用货币购买其他商品。这个过程用“商品”和“货币”两个关键词来表示，就是“商品 - 货币 - 商品”。这也没有什么问题。

卡尔·马克思
（1818～1883）
思想家、经济学家

可是，马克思对此之后发生的事情提出了很大疑问。比如你用 1 000 日元卖掉了黄瓜。然而，A 这个人听说“隔壁街道黄瓜卖到了 1 100 日元”。这可是个“散发着赚钱气息”的信息。于是，A开始了这样的生意:在这条街上，从你的手里以1 000日元的价格买下黄瓜，再到隔壁街上以1 100日元的价格进行销售。

有些人或许觉得这是“合理的生意”，但马克思不这样认为。他是这样分析的。拿1 000日元的钱，变成1 100日元，赚取差额，这是很奇怪的。这不仅违反了“一切的开始都是劳动”这一原则，也不符合“商品-货币-商品”的正常规律。

正如马克思说的那样,A的交易是“货币-商品-货币”。这和“商品-货币-商品”的过程完全相反。原本货币是“因为物物交换过于繁琐，所以赋予金属一定的价值”而诞生的。原本有价值的只是商品本身，货币本身并无任何价值。可是A却利用本没有价值的货币，衍生出新的价值，完成了商品交易。关于这一点，马克思批评道:“A没有付出任何劳动，也没有生产活动，只是因为有钱，就使其金钱增加了价值。这就是问题所在。”

当然有人会认为:“A并不是一点都不劳动啊。收集信息，将黄瓜拉到隔壁街道去，也是不小的劳动量。”这些都是能够想象得到的反驳。可是，在马克思看来，那些都不属于劳动范畴，在以“货币 - 商品 - 货币”的形式进行价值增值这一点上都是一样的。马克思将这种增加的价值叫做“剩余价值”。这种增加的价值会成为资本，最终诞生资本家，他们只关心剩余价值的产生，这会产生很大的问题。

真能依据“劳动真正的价值”获利吗?

我们再来看看经济的本质。

原本经济是从“劳动”开始的。你通过劳动，出售创造出来的生产物，作为对等价值，获得金钱。这是基本过程。生产者通过劳动创造出来的价值，由消费者购买。可是，资本家介入这一过程中，将 1 000 日元买下的黄瓜以 1 100 日元卖出。资本家生产什么，销售的又是什么呢？他们不是擅自制造了“100 日元的剩余价值”，然后把钱装进了自己的腰包吗？这样的资本家，不应该存在。这是马克思的观点。

刚才的举例中，劳动者生产了黄瓜，把商品卖给了资本家。可是，在下一个层次上，劳动者不是把“商品”，而是把“劳动本身”卖给了资本家。资本家把劳动者聚集到自己的土地上，在劳动者创造生产的价值基础上，附加上剩余价值，卖给消费者。这种结构逐渐成形了。公司就此诞生。出现了完全不同的两类人：拥有土地和金钱的资本家和出卖劳动生活的劳动者。在两者的关系中，资本家显而易见是强势一方。

在强势资本家存在的体系中，劳动者真能依据“劳动真正的价值”获得金钱吗？

没有工作，劳动者就会陷入无法生活的窘境，所以“工资虽然低，但是没办法”，这让很多劳动者不得不接受低廉的工资。结果，资本家以低廉价格买到劳动力，却高价出售劳动力生产的价值，中饱私囊。马克思认为这种体系是不对的，不应该承认资本家的存在。所以，他才开始考虑公司应该全部国有化，摒弃“让一部分人获利”的体系，必须要建设一个大家都平等享受劳动价值的社会。

不过，国家中的一部分特权阶层，会不会为了确保自身利益，充当资本家的角色去压榨劳动者呢？这个问题也值得思考。

对于这两种思想，你是如何认为的呢？

引发创造性破坏

前面我们分别介绍了亚当·斯密的《国富论》和马克思的《资本论》。现在，我想介绍另一位指出“资本主义问题”的学者——约瑟夫·熊彼特[①]的观点。

约瑟夫·熊彼特于1883年出生于奥地利，移居美国后常年在哈佛大学执教，是一名政治经济学家。他对马克思的劳动价值说（一切商品的价值都与包含在商品里面的劳动量成正比）的观点提出了质疑。

熊彼特认为，劳动价值说只适用于完全竞争成立的市场。除此以外的市场就失去了其意义。

完全竞争是指需求和供给都很充足，能够进行公平经济

① 约瑟夫·熊彼特（Joseph Schumpeter），有深远影响的美籍奥地利政治经济学家，被誉为“创新理论”的鼻祖。——编者注

活动的状态。比如，果汁公司 A 想要以高价格出售自产商品，但市场上还存在着同样商品的供给者 B 公司和 C 公司，消费者当然会购买 B 公司和 C 公司的便宜的果汁。于是，A 公司就不得不降低价格。

这样，当市场处于正确的竞争状态时，谁都不能任意决定价格，市场原理即“看不见的手”能充分发挥其功能。这就是完全竞争。

只是这种完全竞争在现实社会中并不经常存在。

说得简单一点，日本的电力是由指定的电力公司提供的，所以理论上电力公司可以单方面决定电价，这就是与完全竞争相差很大的情况。即便不是电力这种极端的例子，由拥有强大市场影响力的一方擅自决定价格，这种情况绝不少见。这就是市场的现实，也是熊彼特的观点。

在那种“评价”制度下，谁都不会好好工作

熊彼特认为，即便市场处于完全竞争的状态，“商品价值和劳动量成正比”这个观点也是不成立的。比如，A 在一

小时可以完成的工作量是100，B在同样的时间完成的工作量只有50。这时“1小时的劳动”在劳动量上是相同的，但生产性却完全不同。

但在另一方面，“无论生产性高低，都能获得相同评价”的制度，会打击人们的干劲，极大地降低生产性。熊彼特认为，“付出相同量的劳动，就能创造出相同的价值”的观点本身就是有缺陷的。

越成功越走向末路的制度

熊彼特更有意思的观点还在后面。他对“资本主义经济为什么不行”进行了详细地分析和论述。他认为“资本主义经济越成功，就越走向末路”。我们分析一下他的矛盾理论。

这要从熊彼特说的“何为资本主义经济的成功”说起。资本主义的价值根源在于“需求旺盛，按需进行生产，把经济整体做大，就是成功”。如此一来，经济就会发展，商贸旺盛，成功企业越来越多，生产规模、销售规模都会扩大。

总之，资本主义就是：越成功，经济规模越大，公司也更规模化。熊彼特把这种“大企业化”定义为资本主义经济的一种成功。同时，他也警告说：这种大企业化（资本主义经济的成功）也是将资本主义经济推向灭亡的一大要因。

大企业化程度越高就越会引发危机吗？我们来分析一下熊彼特的观点。

熊彼特认为，大企业对市场的影响力更大，能独占市场份额，调整生产量。能调整生产量，就意味着能调控市场价格。

这和完全竞争是截然不同的状况。

对市场有很大影响力的大企业，可以做到只生产自己喜欢的商品，以自己喜欢的价格进行销售。即便出现能与之抗衡的中小企业，只要大企业短时间内采取严格的价格竞争，势单力薄的中小企业会无力反抗。然后，大企业又能掌控市场，恢复独霸地位。如果这种状况成为常态，企业就会失去紧张感和危机感，变得官僚。只要按部就班地工作，适当提高业绩，职员就能拿到工资，一切情况都安定平稳。

这看起来似乎没有任何问题。

可是，你不觉得“只要在这家公司工作，就能拿到稳定的工资”，这种情况有种似曾相识的感觉吗？资本主义获得成功，大企业越发展，世界就越会趋于平等。这是熊彼特的观点。

如果生产、供给和价格都由大企业来管理，那么，在安定的氛围里，惰性开始萌芽，人们会逐渐丧失劳动的动力，摒弃“提高生产性”的愿望。结束了“二战”后的高度经济发展期，走过辉煌顶峰的日本，可以说正处在“走向末路的门槛上”。

熊彼特之尺

资本主义经济越成功越走向灭亡。

可是，熊彼特并不认为“只能默默看着资本主义走向灭亡”。他曾经说过一句名言：“创造性破坏。”熊彼特极力主张“资本主义经济这个体系，只要它的引擎一直转动，会通过舍弃陈旧，衍生出新的事物而得以延续”。也就是他认为资本主义经济需要经常性的创新，即技术革新。

创新会带来社会结构的焕然一新。

比如，互联网这种新技术的诞生和普及，使商品从开发到销售，从广告宣传到流动，等等，几乎所有领域都不再适用原有的市场方法。也就是说，创新给大企业吹进了新风。熊彼特认为，资本主义需要能改变时代的创新，这就是“创造性破坏”。

纵观社会结构和政策，美国是崇尚自由的资本主义经济的带头人，所以它非常了解创新的重要性。比如，严格制定反垄断法，控制大企业依仗规模和网络垄断市场。对于新企业，尽可能地大开门户。因此，才诞生了硅谷那样的地方，才诞生了苹果、因特尔、谷歌和脸书等完全改变了人们的生活模式、交流方式的世界级创新企业。

与此相比，日本怎么样呢？日本似乎已经陷入了熊彼特说的“大企业化”，正一步步走向资本主义经济的终点。日本政府不注重创新的重要性，一味出台支持大企业的政策。可以用熊彼特的思想做尺子，来衡量如今日本的政策和企业现状、资金和投资家的动向。虽然这只是一种思考问题的方法，但也能引起我们的一些思考。

钱不会平白无故冒出来，该怎么办

在这一节里我们将从“是小政府（市场经济）还是大政府经济”这个角度进一步思考经济问题。简单地说来，听由市场调节、政府尽量不介入的就是市场经济，政府通过较多的介入安定经济、促进经济发展的就是大政府经济。

从传统意义上来说，资本主义的大原则就体现在市场经济中，亚当·斯密的“看不见的手”就是其源泉。积极推动大政府经济会让国家去管理和统治经济活动的很多方面。

可是，经济并不是简单的事情，并不是“资本主义就应该听由市场的调节”“政府如果介入就会变成大政府经济”。即便是资本主义社会，也可以“既依靠市场”，又尝试“政府的积极介入”。

资本主义经济真正需要的是“政府积极介入，掌控”还是“政府尽可能不介入，交由市场调节”？

> Q：你认为政府应该介入市场经济吗？还是应该听由市场调节？

“经济学之父”错了

在思考“政府应该介入还是听由市场”的问题上，必须要提到两位经济学家的观点。一位是在剑桥大学执教的英国经济学家约翰·梅纳德·凯恩斯[①]。他认为“政府应该积极介入市场”，政府发挥职能能减少失业者，这非常重要。另一位是在芝加哥大学执教，将芝加哥大学打造成重视市场经济理论圣地的弗里德里希·哈耶克[②]，一位奥地利出生的英国

① 约翰·梅纳德·凯恩斯（John Maynard Keynes），逻辑学家、现代经济学最有影响的经济学家之一。他创立的宏观经济学、弗洛伊德所创的精神分析法和爱因斯坦发现的相对论，并称为 20 世纪人类知识界的三大革命。——编者注

② 弗里德里希·哈耶克（Friedrich August von Hayek），奥地利出生的英国知名经济学家和政治哲学家。——编者注

知名经济学家。他和凯恩斯的观点完全相反，主张“听由市场调节”。

这两位都活跃在20世纪，在其之后有关“是凯恩斯对还是哈耶克对”的争论从未停止，他们的观点完全相反。对于他们两个人的观点，你是怎么看的呢？希望大家好好考虑一下。

我们先来看一看凯恩斯的观点。在本章我们一起学习了亚当·斯密的“看不见的手”的理论。按照这个理论，“需要少的话，价格就会下降，供给和需求会均衡，市场也会正常化”。可是，凯恩斯对此却持反对意见。

这种传统的经济理论适用于完全竞争的条件下，只限于没有失业者的完全雇用的状态下。现实社会既不是完全竞争，也不是没有失业者。在这样的社会现状下，“完全可以依靠市场调节”根本不适用。所以，他才认为政府应该创造出需求。企业根据需求降低生产量，就会造成一部分从业者无事可做。作为企业没有余裕养不工作的职员，所以只好解雇他们。这样，失业者就会增加，需求会进一步下降，形成恶性循环。因此不能完全听任“看不见的手”的安排。

实行赤字政策，经济就能好转

凯恩斯认为，一味地“听由市场调节”，结局只会造成需求下降，经济衰退。因此，最有必要做的就是先“增加需求”。要想增加需求，就只有增加雇用。可是，企业又没有能力雇人。

那么政府可以开展公共事业，雇用人员并支付他们工资不就好了吗？这就是凯恩斯的理论。

失业者减少，很多人就能获得收入，就能购买他们想要的、需要的东西。也就能刺激需求，搞活经济。凯恩斯在 1930 年的美国提出这个学说，“新政政策”（扩大公共事业减少失业者的政策）获得了成功，也证明凯恩斯理论是有一定说服力的。凯恩斯一直认为：经济不景气时听由民间调控，经济并不能好转。民间企业如果“看不到光明的未来”，就会逐渐缩小生产，生产缩小的话，雇用就会减少，失业者会越来越多。而且，也没有投资家会给“看不到光明未来”、缩小生产的企业投资，那这些企业的股价当然会下降，未来更不明朗。

凯恩斯认为：经济不景气时，依靠民间力量，经济只会越变越糟。能打破这种局面，给失业者提供工作和薪水，开创美好未来的就只有政府。所以凯恩斯才会说：“采取赤字政策，只有政府出钱，经济才能好转。”

看到这里，你是不是觉得这是个非常有意思的经济理论呢？而且，它还取得了一定的成果，决不能轻视。

不该实行赤字财政的债务大国

当然，凯恩斯理论也不是没有缺陷。住在日本的很多人可能都意识到了这个问题，那就是“国家没钱了，怎么办”。

有人会想：国家没钱，可以发行国债，借钱筹集钱不就可以了吗？日本也多次采取过通过发行国债刺激需要的政策。

可是，经济原本就是由各种要素掺杂在一起构成的，公共事业可以减少失业，但未必就会搞活经济。石油危机的爆发、汇率市场的变动，都会影响和改变经济状况。另外，大洋彼岸爆发的雷曼危机引发全球经济动荡，一国的经济政策也不总是一帆风顺的。

也就是说，即便国家举债采取一定的经济政策，也有可能没有任何效果，最终只会债台高筑。一旦出现这样的局面，国家可能再次借款出台新的经济政策，形成恶性循环。国家的债务将来一定是要有人来偿还的。“经济搞活了，税收就会增加，总有一天会还清国债”，这在一定程度上是事实，但如果借款金额一味膨胀的话，就不是简单能解决的问题。

意识到这种迫切状况的国民，会觉得“总有一天会从根本上增加税赋”，心理上就会变得“要存钱以防万一”。不仅不会增加对未来的信心，反而会让人变得更没信心。

比凯恩斯早 100 多年出生的英国经济学家大卫·李嘉图[①]就说过：“公债增加会让人们预测未来税赋的增加，从而会减少现在的消费。”“政府实行赤字政策，出钱经济就

① 大卫·李嘉图（David Ricardo），英国古典政治经济学的主要代表之一，也是英国古典政治经济学的完成者。——编者注

会好转”这个道理并不总是有效的。

当然，经济政策应该根据不同的时代和国情进行调整，不能简单地下定论“这个对”“这个不对”。所以凯恩斯的理论有其正确的一面，也有其不恰当的一面，这是很正常的。比这更重要的是“你怎么想”，你的观点，作为活在当下的人，你要主动思考“在现代如何思考更有效”。

分析完凯恩斯理论的利弊之后，我们再来看看和他完全对立的哈耶克的观点。

批判“个人要成长”的经济理论

我觉得哈耶克的观点可以简单地归纳为“自觉的自由主义”。

大卫·李嘉图
（1772~1823）
经济学家

他和凯恩斯不同，他认为“政府不应过度介入，应依靠市场调节”。只是，不管是个人，还是组织，都不提倡“只要自由就好”的自由放任。哈耶克说的自由是“自觉的自由”。他提出以下三件应该做的事。

第一，对于发生重大改变的情况，全体成员都应迅速做出调节自身的准备。

社会在不断变化，个人也应做出迅速相应的调节。这是个很苛刻的要求。经济停滞、失业者增加，可首先个人还得要适应环境、状况的变化。比如，随着全球化的发展，托业考试（TOEIC）[①]要求达到 700 分以上。

第二，不允许个别集团获得好处。

哈耶克的基本观点里有一条“政府想介入市场，结果也无非是为某些特定的人服务，没有信用”。政府主导公共事业，也会因为利益的诱导，产生为特定企业和团体谋福利的问题。因此，哈耶克认为政府无法做到只为必要的部分作出必要的努力。不管时代如何变化，只要有企业组织存在的地方，几乎可以说一定会有不当利益诱导、贪污、受贿的存在，因此哈耶克的说法听起来倒有些道理。

① 托业考试，由美国教育考试服务中心（ETS）设计，专门针对在国际工作环境中使用英语交流的人们的英语能力测评。——编者注

第三，要将所有的资源投入到能造福所有人的领域。

自己拥有的所有资源（包括金钱、天然资源，可能也包括时间、劳动）都投入到“会让所有的人都获利”的地方。哈耶克认为这样就不会只让一部分特定的人群获利，也可以充分考虑清楚资源要投放的领域。

首先，自己要做点什么。消除听任民间自由、一部分人获利的体制。

其次，所有的资源要投放到更有效的地方。

这就是哈耶克的观点。

看过哈耶克的观点，可能会有人觉得“没有什么即时功效”。与凯恩斯“让失业者手里有钱，刺激需求”的观点相比，这是时效漫长的策略。哈耶克自己也认为短期内看不到这种经济政策的成效，“它需要站在中长期的视角来看待”。哈耶克严厉批判了凯恩斯“通过公共事业刺激需求”的政策，认为这违背了他自己提出的经济政策，“只能收到短期效果”。即便经济一时得到了好转，但不解决根本问题，一旦政府的资金触碰到底线，解决决策本身就会产生新的问题。因此，个人必须变得强大、必须要成长。即便这个意见过于严苛，可是不这样做经济就无法得到长期改善。

这个问题还和第 5 章要提到的“什么是国家”相关，和第 2 章的“自由和平等”也有关联。正如凯恩斯说的，或许能打开穷途末路经济状况的只有政府和国家。

可是政府真的不是为“特定的人”谋利，真的是为了国民在工作吗？

又或者依赖政府，个人在短时间获得了一定的收入，那就表示未来一定会光明吗？

Q：你认同凯恩斯还是哈耶克的主张？国家和世界需要哪一种观点？

不要因为“你不了解世界的事情”而停止思考。没有什么标准答案，重要的是，你要利用自己知道的信息组织自己的思想并进行思考。

试着编列国家预算

本章以经济为主题，下面我们做一次“制定国家预算”的练习。这是我在班级中实际做过的一个练习。可是，从零开始制作国家预算是非常困难的，所以我们对比平成 25 年（2013 年）年度的日本预算，看一下“它的使用方法是否合适”。

你会削减哪一部分的支出，增加哪一部分的资金呢？请你考虑以下问题。

PRACTICE
思考力练习

如何对待经常性的“借钱本质”

在查看日本国家预算时，有一个想请大家必须了解的概念：基本平衡（基础财政收支）。简单地说就是除去借款偿还部分的“收入和支出的平衡”。在国家预算中，收入叫“年收入”，支出叫“年支出”，年收入大于年支出的话，基本平衡就是顺差。

大家都知道，日本是一个喜好举债的国家。基本平衡经常就是连续的逆差。平成 25 年年度的政府预算显示，当年的年收入总计约 47 兆亿日元。相比之下，扣除偿还借款的年支出总计为约 70 兆亿日元。如果用普通人一个月的收支来比喻的话，就是要制定一个预算，可以让一个月薪 47 万日元的人“一个月花 70 万日元”。可是国家制定了那样的预算，加上偿还借款部分，不够的部分通过“国债、公债”等借款来填补。平成 25 年年度的公债金额为约 45 兆日元。这个预算中的借款金额几乎和税收相同。日本从过去到现在一直在借款，所以每年也要偿还一定的数额。平成 25 年的预算表明，国债金额约为 22 兆日元。这种感觉就像你每次领到薪水就要交出一半用于偿还债务。

有人会觉得年支出在某一年是赤字的话，这种支出就会产生波及效应，通过增加税收，可以促进基本平衡的扭转。

本书并不是想批判日本的基本平衡，只是想多少了解一下国家的财政情况。

这次练习采用的数值都是实际真实的数据，可为了便于理解，我还是把它修正成比较规整的数字。想了解详细数字的读者可以去财政部的主页，参看“平成 25 年年度预算政策”。

成本能区分清“更有效的领域”

我们谈过日本是一个善于借债的国家，在“年支出”这一小节里我们再来看看这个问题。如前所述，年支出合计 92 兆日元。

扣除其中的 22 兆日元，用于还债。也就剩下了约 70 兆日元。

事先要说明一点的是，年支出中有很大一部分比例是“地方交付税交付金”。这是应该分配给地方自治体的钱。这个合计约 16 兆日元。再扣除其他所有小项目的钱，最后剩下的钱约为 45 兆日元，请你想一下“为了日本，应该如何使用这些钱”。

我希望大家能划分清以下 5 项支出：

- 社会保障关系费……保护从婴幼儿到老年人的生活费用
- 公共事业关系费……修建、保养道路等用于开发的费用
- 文教、科学振兴费……教育、科学费用
- 防卫关系费……保卫国家的费用
- 经济援助费……用于援助发展中国家经济发展的费用

那么，请你算一下吧。

平成 25 年年度真实的预算份额是这样的：

- 社会保障关系费……约 29.1 兆日元
- 公共事业关系费……约 5.3 兆日元
- 文教、科学振兴费……约 5.4 兆日元
- 防卫关系费……约 4.8 兆日元
- 经济援助费……约 0.5 兆日元

（合计约 45 兆日元）

关于这些资金的用途，你有什么想法呢？

Q：你会如何改变 45 兆日元的用途？

这些钱的分配和历年相比并没有太大的变动。这里既不会特别强调“因为日本是借债大国就多还点钱”，也没看到因为“今后创新很重要，而在文教、科学振兴费上多加支出”。这就是常说的份额“合适”，身负这些债务，就看不到激进政策的推行。

在提高消费税率的提案中，很多政治家高声提议“增加的税收要用于社会保障”，可现阶段社会保障关系费就已经达到了约 30 兆日元的巨大比例。那么，社会保障费还应该增加吗？这次练习的目的就是想让大家再次认真思考这些问题。

我们班在做练习时，有学生提议“将社会保障费削减一半”。当我问：“为什么要削减社会保障费呢？”这名学生回答：“很抱歉，但我觉得是时候需要老年人用他们自己的存款养老了。”他自己也知道，他的想法有很多问题。可是，事实上如果国家真能减少用在老年人身上的支出，那么就可以增加用于偿还债务、教育领域和公共事业等国家经济发展方向的投入。学生还说：“如果老年人使用存款消费，也能提高需求。”他通过“削减社会保障费”的形式实现凯恩斯提倡的“刺激需求”的经济政策。

另一方面，也有人认为：“削减社会保障费，老年人养老就没有那么轻松了，这或许会让他们更多地存款吧。”

还有的学生提议“增加防卫关系费”。她们主张：“日本可以提高军事能力，成为瑞士那样的‘中立国’。”日本如果想获得真正的独立，必须脱离对美国的依赖。她们认为一个“什么都依赖美国”的日本，不会和周边的中国和韩国搞好外交关系。这也是看待日本这个国家时非常重要的观点。

当然，还有各种各样的意见：“日本震后重建复兴之路并不顺利，经济上也备受压力，还有必要支出5 000亿日元的经济援助金吗？”“不应该加大对教育和科学振兴的投入力度吗？”从事社会福利工作的人会认为“希望获得国家更多的支持”。工作在教育第一线的工作者会觉得“不加大教育投入力度，日本就没有未来”吧。这些意见都是非常宝贵、非常重要的。

因此，我希望在思考这些问题时，不只是观察和自己有关的领域，而是应该具有“对国家整体预算感兴趣”的大视野。这就是哈耶克所说的“将一切资源投入到有效的领域中”。关于“国家应是怎样的存在”“现在日本应该优先发展什么”，希望大家可以形成自己的观点，并和周围的人一起讨论。

THINKING TIME
锻炼思考力时间

富豪的生活

电视和杂志上有时会介绍，世界上的“有钱人”往往有着显著的差距。在日本说起管风琴，很多人都只是在三得利美术馆见过，据说比尔·盖茨的家里就有管风琴，你能想象到吗？还有，听说一位阿拉伯大富豪想要一艘潜水艇当玩具。我们想象不到潜水艇能玩什么游戏，他们的“游戏”层次恐怕也是匪夷所思的。

我自己倒是有过这样一个经历，我的一位友人说：“我要开家庭聚会，你来吧。”我问：“我该怎么去？”友人回答说：“我租了好几架直升机，你坐那个来就行。”我就按他说的，坐直升机到了一个像城堡一样大小的聚会会场，看到了宾客有好几百人、几十名一流厨师在场的让人惊叹不已的“家庭聚会”。

我曾经听说，有人问一名大富豪：“能告诉我你家的地址吗？”

结果富翁反问：“你是问我哪个家？纽约的家还是洛杉矶的家，摩纳哥的家还是迪拜的家呢？”这远比在地中海有别墅档次更高，真的是“空中飞人”，到处都有家的富豪。

看到这些富豪们的生活状态，你会怎么想呢？

你会觉得“真令人羡慕啊”“我也想要那样的生活”吗？

或者，你觉得“如果有那些钱，还不如用于帮助穷苦人”吗？

其实透过这些不同的想法，能看出你是更爱好自由还是更追求平等。在我的印象里，享受奢华生活的人或是追求奢华生活的日本人格外的少。抛开没有钱的现实因素不说，好像大家并不太喜欢“奢华的生活”。在日本社会中，“奢华生活”所包含的积极因素似乎并不多。美国社会与日本完全相反，实现了美国梦的成功人士，发自内心地讴歌奢华生活，奢华生活受到很多人的崇拜，大家都“想过这样的生活”。

其实，很多欧美的大富豪们都缴纳高额税金、做慈善，捐赠的数目相当庞大，全体社会成员都认可他们做出的一切，并形成了一种认可和赞美财富的文化。如果你事业上取得了很大成功，手里握有一大笔钱，你想干什么呢？你想过什么样的生活呢？

CLASSES 5

04

建立“科技观和自然观”

Q：艺术和科学一样是必须学习的吗？

选自 2011 年法国中学毕业会考试题

科技越进步越好吗

Q：艺术和科学一样是必须学习的吗？

选自 2011 年法国高中毕业会考哲学试题

这是 2011 年法国高中毕业会考中的一道题目。对于习惯日本考试题目的学生来说，如果在高考中被问及“学习艺术有什么意义”的问题，可能会感到很困惑。这种困惑就如同日本的普通高中生在上音乐和美术课时却在学习数学。可是，在国际化的精英人才看来，不理解音乐和艺术的人是无法理解“人的本质”的。

当我第一次看到这个题目时，最先想到的是：突然把科学和艺术进行比较，岂不是太难了吗？

的确有必要思考一下“科学与艺术”的问题。因此，我们就要先定义一下“什么是科学观”。在思考科学观的问题时,就无法回避“自然观”的课题。本章我们就想谈一谈“科技与自然”，以及艺术论的相关问题。

你有没有想过：什么是科学观？它为人类带来了哪些好处和哪些坏处呢？

你觉得“科技越进步越好”吗？或者，你觉得“有什么是应该优先于科技的发展”的这个问题，想必一定会引发大家的热烈讨论吧。

大家都知道，科技的发展日新月异。在最近的 100 年里，人们的生活方式发生了翻天覆地的变化。人们的移动变得更加快捷，处理信息的速度和数量也飞速提高。以互联网代表的 IT 技术的迅猛发展，大大地改变了我们的生活。

可是，科技在进步的同时也破坏了自然环境，这是不争的事实。几年前，“保护地球环境”的公益活动就在全世界展开了，我猜本书的读者中一定也有专门从事环境问题的专业人士吧。

那么，比起科技的发展，我们更应该优先注重自然的保护吗？

这不是一个简单的“是”或“不是”就能回答上来的问题。那些经济比较发达、多数国民在经济上比较富裕的国家更容易喊出“保护自然”的口号。可是，世界上很多国家的经济并不发达。如果一味地向那些“正全力推进工业化、必须依靠发展经济来摆脱贫困”的国家呼吁“保护自然很重要”“应该保护环境”，真正能引起他们多大的重视呢？他们正面临着更加急迫的状况。

我们生活在同一个星球上，这里的情况纷繁复杂。我们究竟应该怎样看待“科技观和自然观”的问题呢？这就是本章的第一个问题。

重新思考人与自然的关系

在思考“科技观和自然观”的关系之前，我想先谈谈在“认知”章节里提到的笛卡儿的思想。

笛卡儿活跃在17世纪的法国，和当今这个时代相比，那时的科技并不那么发达，人们对很多自然现象还没有清楚地认识。因此，在很多情况下，人们会用“神的力量”来解释原因不明的自然现象，那是一个“人们不懂得用科学来解释自然”的时代。然而，就是在那个时代，笛卡儿曾说过这样的话：

> 我现在明白为什么学校不教理论哲学，而是开设实践哲学的原因了。通过实践哲学，我们就能了解水、火、空气、天体和天空，等等，一切存在于我们周围的物体的力量。

他说的“学校开设的理论哲学”就是以“形而上学”为代表的在头脑中进行思考的哲学。**也就是说，比起理论和观念性的东西，学习“实践哲学”——也可以说是实践性的**

知识和技术更重要。笛卡儿认为，只要学习实践知识和技术，就能理解水、火、天体和天空等自然现象的形成。由此，我们不难看出，在一个习惯将眼前的事物视为由“神的力量”创造的时代，笛卡儿的思想是多么先进、多么信奉科技啊！

人类真的是自然的所有者吗？

笛卡儿还曾经说过：“通过实践哲学（科学知识和技术），利用物体的力量和作用，（人）就可以成为自然的主人和所有者。”这个观点多么大胆。17 世纪的笛卡儿就已经萌生了“人类可以成为自然的所有者”的思想。

一定会有人认为“人类是自然的所有者”这种想法是“骄傲自大”“人的自我主义”甚至是“对神灵的亵渎”。可是，科技原本就是建立在“解析自然过程，使其易于被人类利用”的思想基础上的。无论是电脑还是电视，任何工业产品和高科技产品，都是自然界原本就存在的。**解析自然中物质的构造，利用它的功能，改变它的形状和成分，制作成各种便于**

使用的产品，这就是科学技术。这样想来，“人是自然的所有者”这一思想似乎也是成立的。

与笛卡儿所处的时代相比，现代科技的发展可以说是日新月异。借用笛卡儿的话来说就是“人类朝自然所有者的目标又迈近了一步”。你怎么看这个问题呢？

人类真的在一步步地成为自然的所有者吗？

成为自然的所有者（或以此为目标）真的是正确的吗？

资本主义的思想基础——土地私有制，正是“支配自然”思想的体现。土地当然属于自然的一部分。“人们拥有自然的一部分”这种思想本身难道没有问题吗？

Q：如果你认为“人类成为自然的主人”这个想法太过傲慢，却同时持有土地等不动产，该怎么解释这层关系？

在“人类和自然”的关系上，其实会有各种各样的问题产生。虽然我们并不太喜欢笛卡儿所说的话，但在现实中却一直践行“人类是自然的所有者”这一想法。下一节将介绍蕾切尔·卡逊的观点，她为我们敲响了警钟，让人们正视“人与自然的关系”。

人类正走上毁灭之路

蕾切尔·卡逊是活跃在20世纪的美国海洋生物学家。她的作品《寂静的春天》直指环境问题，极具震撼性，曾一度成为全世界最畅销的图书。也许正在读本书的读者中也有人读过这本书吧。她在书中写道：有害化学物质对生态系统造成严重的破坏，有些地区，鸟类因为误食农药而无法发声。正是因为这些“无法啼叫的鸟类”，书名才叫《寂静的春天》。

蕾切尔·卡逊
（1907~1964）
生物学家

有很多专家从因果关系和科学依据等角度反驳她的观点，但对于环境保护者而言，《寂静的春天》依然被他们视为“圣经”而广为阅读。蕾切尔·卡逊的观点是：

> 为了满足自己的私欲而随意不加节制地改变自然，其后果就像行走在独木桥上，会招致自己的灭亡。这真是无比讽刺。（中略）不用多说，事实清楚地摆在大家面前：自然并不像人类想象的那样容易被改造。

她郑重地提出了警告："人类如果仅仅为了自己的利益而去随意改变自然的状态，那么，反而会招致人类自身的灭亡。"她的主张和笛卡儿完全相反。她丝毫没有"人类是自然所有者"的想法。作为一名海洋生物学家，蕾切尔·卡逊认为："人是不完整的存在，无论人类多么富有智慧，都不可能征服自然、拥有自然、掌控自然。"

不能沉迷于速度

我觉得蕾切尔·卡逊的思想和东方哲学有相通之处。日本人比较能理解这一点。

日本人在历史上饱受台风、海啸和地震等自然灾害的影响，使他们对自然一直有种崇拜的敬畏。山岳信仰就是这种思想的代表。我认为日本人根本没有“想要支配自然”的想法。

蕾切尔·卡逊认为：“生物和生物之间有着密如蛛网的复杂关系，没有一丝错乱地统合在一起。无视这一事实就和站在悬崖绝壁上撒谎说没有重力一样。”她还批判人类推进科技的发展如果破坏了生态系统，那真的是非常愚蠢的行为，人类早晚会自己栽跟头。她还给生活在现代的我们敲响警钟：“现在就处在分岔路口。”

长途旅行时一路驶过漂亮的高速公路，让人沉醉在风驰电掣的感觉中，其实我们都被骗了。这条不归路的尽头就是灾祸，是灭亡。

另一条路行人虽少，但只有选择这条道路，才是保卫我们居住的地球安全的最后、也是唯一的一条路。

她在告诉那些一味推进科技发展的人们，应该走的是另一条路。她并不是只在讨论“是发展科技，还是保护自然”这样简单的二选一的问题。因为一直以来，社会都把重心过多地放在了科技的进步和经济的发展上。所以，她才会强烈呼吁“我们正处在分叉路口”。

你如何看待蕾切尔·卡逊的观点呢？

我们还要一如既往地发展科技吗？

或者即便放弃发展科技，也应该保护自然、守卫生态呢？

一听到“濒临灭绝物种”，人的保护欲望就会油然而生

想谈一下蕾切尔·卡逊关于“生物多样性”的观点。

在谈到保护自然、保护环境的问题，或是参加这方面的活动时，经常或听到“生物多样性”的词语。正如字面意思，是说“很多物种共存，形式多样”。那么生物多样性有必要吗？

进一步地，我们为什么要害怕生物会灭绝，必须要积极进行保护活动呢？比如，我们在电视上看到“这种生物濒临

灭绝”的消息，就会觉得“这是个问题”“必须保护它们”。可是，我们为什么必须要保护它们呢？为什么它们不可以灭亡呢？

自然原本就是一个弱肉强食的世界。“不能适应环境，被淘汰也很正常”。为了寻求这个问题的答案，我以前曾咨询过生命史研究者中村桂子老师。据中村老师讲，正因为生物是多样的，所以作为“独特的生物体”才会存活下来。不同物种都想要存活下来，即便环境发生残酷的变化，但总会有物种能生存下来，自然界有这种能力。共同生存，当自然条件发生改变时，也能保证有生物体能存活下来。

回顾生物发展史，在自然条件发生重大变化后，有更多的物种诞生，生物多样性更加丰富。中村老师告诉我，不是我们“一种生物”生存下来，而是生物作为一个整体延续着生命。只有站在这种大的视野中，才能认识到生物多样性的必要性。

人类做的事情，真的符合生物发展的规律吗？

只考虑到人类自己（确切来说是一部分人）的利益，破坏自然，限制了其他生物的生活环境，这不是妨碍了生物整体所指向的“多样性”吗？

我不认为保护生物的多样性是唯一的正确答案。人类也有人类的自身需求。只是，另一方面，也应该看到人类也是自然的一分子，人类只不过是构成生物多样性的一个物种而已。在这个基础上，我们再来看一下问题。

Q：你认为科技和自然，哪一个比较重要?

请你先想一想选哪一项，再给出自己的依据。对于我们而言，或对于整个地球而言，最合适的科技是什么样的呢？什么程度、什么样的科技才是我们所希望的呢？作为一个人、一个企业、一个国家、地球的一员，这是大家都应该思考的一个问题。

在联合国可持续发展大会上发表意见

PRACTICE 思考力练习

这一章还没结束，我们先做一次练习。

2012 年 6 月，在巴西的里约热内卢召开了“联合国可持续发展大会”,也就是“环境峰会”。会议名称的“可持续发展”就是最大的主题，但不同国家和地区所面临的问题各不相同。原本这次会议就是世界各国的代表聚集在一起商讨“绿色经济”的一次尝试，但实际情况却是关于“什么是绿色经济”都没有统一看法。

现在，假设你能参加这次会议，你会从什么样的立场出发，来阐述你的意见呢?

这就是我们这一次的练习目标。

“保护环境”是自私的理论

参加这个会议前，有两件事情你要搞清楚。

第一，世界上有发达国家和发展中国家之别。即便是发展中国家，也有经济呈上升发展的国家，也有非常贫穷的国家。

第二，发达国家财政也很紧张，并没有太多的资金加大对发展中国家的援助。

基于以上两点，我们来看一看发达国家 A 和发展中国家 B 的不同观点。

发达国家 A 的观点：

关于自己国家经济成长带来的环境问题，首先应该在自己国家内解决。

重要的是弄清生态系统的价值评价，对于在国内外造成影响的环境危害，采取明确的措施。

关于国际目标、目的、行动，应该制定期限明确的经济路线图。

发展中国家 B 的观点：

绿色经济的主要目标是“杜绝贫困”。绝不能打着绿色经济的旗帜，陷入自然保护主义的怪圈里。

当然也不允许利用绿色经济，设定援助条件。发达国家应首先向发展中国家提供不破坏环境的生产方法等技术，并进行相应的资金援助。

发展中国家根据自己的国情，制定可持续发展的开发战略。

你对此是怎么看的呢?

发达国家 A 的观点概括起来就是“不可以破坏环境。环境问题应由各个国家自行解决，各负其责”。看起来这像是个很正义凛然的观点，可过去破坏环境的主要就是发达国家。不能因为经济已经取得了发展,就蛮横地要求“今后要有责任心,努力保护环境”，这未免太过自私了。

举个身边的例子，近几年中国因为大气污染问题受到很多日本人的关注。可是，日本在经济高速发展时期又是怎样的呢？那时日本或许也造成了大气污染，甚或影响了中国呢。当然，我们也应该意识到另一方面——中国也站到了能共同遵守国际规则的大舞台上。所以我们需要从整体上分析问题后再进行讨论。

我们再来看一下发展中国家 B 的观点。

他们一贯主张“发展经济比保护环境重要”“因此发达国家要援助他们”。考虑到他们所处的情况，不难理解他们的观点。蕾切尔·卡逊对全世界发出了“保护自然”的倡议,这当然是很有意义的，但若偏执地赞同她的观点，会变得单方面强迫别人接受“发达国家的理论”。可是，他们这些“仍处在发展中的国家”，真的不用加入到全球范围的保护环境队列中来吗?

不管他们的观点多有道理，但“环境受到了破坏”这一事实是无法改变的。发达国家因为自国的发展引发过环境问题，就认为已处于危险状况下的地球环境今后一定会更加恶化，这样危言耸听好吗？反过来，如果真照发展中国家的意思发展下去，就真的能实现“可持续发展”吗？那样不会消耗殆尽地球的共有资源，导致地球上的一切共生共灭吗？

另外，他们义正言辞地要求“发达国家应该施以援手”，在道理上行得通吗？在世界经济不景气的大环境下，多数发达国家的经济也处在困境中。

如果你在这次会议上，会阐述怎样的观点呢？

深思熟虑，形成“自己的观点”

在我的班里进行这项练习时，不出所料，同学们众说纷纭。比如，有人认为援助发展中国家是发达国家的义务，“在全面深入援助的基础上，再来谈环境保护问题”。他们认为发达国家的财政状况再不好，也有赚钱的企业，并不像发展中国家一样面临“明天没有饭吃”的紧急惨况。所以应该加大对发展中国家的援助。还有个别学生认为“从整体适用性这一点来说，保护地球环境绝对是必要的。因此，发展中国家也应该在某种程度上通过自己的努力跟上发达国家的步伐”。

发展中国家的确有自己的国情，但其它国家并没有多余的精力去思考这些。所以，必须要遵守国际规则，必须要保护环境。补充一点我的个人观点，我觉得发展中国家也强烈地意识到“必须要保护自然”。如果就因为这个理论而弃发展中国家于不顾，会让更多的人萌生“将来会以个人名义参与一些援助发展中国家的活动”。具体来说就是“从发达国家、先进企业取得资金”“给发展中国家带去有益环保的技术”等活动，或是亲自从事面向发展中国家出口的工作——旨在解决其粮食问题。

是发展经济呢，还是保护环境呢？

我感觉他们在以他们的方式去寻找这个无解问题的漏洞。即便我们在这里演练关于这个全球热议的问题，也不可能得到令所有人都满意的“正确答案”。因此，我在这里也并不想得到一个平衡各方想法的意见。

我在这本书里想告诉大家的是，即便保护环境是应该的，也还有一些我们必须要考虑的问题。在认清这些事实的基础上，我们应该如何行动呢？这既是个人的问题，也是企业的问题，更是一个国家的问题。不要仅仅以“必须要保护环境”“必须要发展经济”为定论，而是要在此之前思考还有哪些问题，应该做哪些努力，对此都应该有自己的观点。

看作品的“另一面”

我们探讨了关于“科技观和自然观”的主题，现在回到这章开头提出的问题“艺术和科学一样是必须学习的吗”，来看一看艺术的价值问题。

你认为世界需要“艺术”吗?

听到这样的问题，很多人都会回答“需要”吧，那么，问题来了：

Q：为什么需要艺术?

如果你没有考虑过这个问题，那么你也回答不上中学会考的题目“艺术和科学一样是必须学习的吗”。艺术是无国界的，存在于任何国家、任何民族、任何时代。有人说，“音乐先于语言存在”“没有音乐的民族是不存在的”。在已发掘的古代遗迹中，除了日用品以外，还能看到艺术品之类的东西或是壁画。在历史上，艺术总伴随人类左右。

我们为什么会如此追求艺术呢？

艺术到底是什么呢？

下面就让我们来思考这个问题。

真正的艺术在哪里

艺术是什么？

你会如何回答如此本质性的问题？

用词典查阅“艺术”一词的含义，大部分的词典都写着“追求美的活动，以及其作品”。假设有一个人在画画，那画画的活动本身就是艺术，完成的作品也是艺术品。

有人从不同于词典释义的角度解释了何为艺术。他就是出生于19世纪后期，活跃在20世纪的哲学家马丁·海德格尔①。他的观点比较晦涩，不太容易理解，下面简单介绍一下他关于“什么是艺术”的观点。

① 马丁·海德格尔（Martin Heidegger），德国哲学家、思想家、教育家，20世纪存在主义哲学的创始人和主要代表之一。——编者注

如果想理解海德格尔的观点，就必须先搞清楚“艺术”“艺术家”“艺术作品”这三个概念。

艺术的确是存在的。海德格尔认为，艺术是人的肉眼无法看到的东西，艺术家通过艺术作品将其表现出来。**也就是说，艺术不是存在于艺术家或艺术作品中，艺术是作为其根源而存在的。**他的解释似乎让人不知所云，但如果仔细思考的话，他所要表达的东西也不是不能理解。比如“真正的艺术”既不存在于绘画本身中，也不存在于画家自身中。“真正的艺术”鲜活地存在于画家想要表达的“思想”或“印象”中，是模特或景物带有的气息和存在感、表现的方式和触感。

马丁·海德格尔
（1889~1976）
哲学家

如此说来，我们会感觉到他的很多观点都可以理解。在美术馆欣赏名画时，我们并不仅仅是在观察画中所描绘的风景、人物或者物品，而是在感受隐藏在作品背后、作品深处的“灵魂”。海德格尔认为，“蕴藏于作品背后的魂”才是艺术，是艺术作品的根源。

用海德格尔的态度来感受“艺术”

他在《艺术作品的本源》这本书中，以梵高的作品《农鞋》为例（如图 4-1），说明了自己的艺术观。

文森特·威廉·梵高
作品《农鞋》

（梵高美术馆收藏）

图 4-1　这幅作品的“艺术”在哪里

作品描绘了一双农夫穿过的破烂旧鞋子。可是，这幅画所体现的艺术不是画本身，也不存在于破破烂烂的鞋子中。穿着这双鞋日日劳作的农夫的生活、大地的气息、不舍得丢弃破烂不堪的鞋子的感情，这些隐藏在破烂旧鞋子背后的东西才是“真正的艺术”所在。我们欣赏作品时，不是被作品本身所感动，而是当我们感受到作品背后所隐藏的“灵魂”时，被艺术的美丽、美好所打动，内心受到了震撼。相反，无论多么精致的素描，多么出色的绘画和雕塑，如果不能让人感受到隐藏在背后的“魂”，那就不是艺术（严格地说，那里不存在艺术）。这就是海德格尔的艺术观。这只是海德格尔个人的观点，并不是艺术的一般定义。

但是，我还是希望你在美术馆欣赏绘画和雕塑等作品时，试着联想一下海德格尔的艺术观，试试能不能从作品中感受到“真正的艺术性”。用海德格尔的观点来说，当你感受到作品背后的“灵魂”“艺术”时，一定也会被感动，这时作家才能成为艺术家，其作品才能称得上是艺术作品。

描写自然的艺术作品一定不如自然本身吗？这个问题也希望大家能认真思考。

重拾人性

艺术是什么？艺术的价值到底是什么？

在继续思考这个问题时，我想介绍一下日本最有代表性的艺术家冈本太郎的观点。

冈本太郎出生于1911年，年轻时在法国度过，有着超强的创作力。1940年回到日本，依旧保持着旺盛的创作力，积极参与各种活动，他以为大阪世博会创作的“太阳塔”闻名于世。冈本逝世于1996年，但时至今日他仍有大批粉丝，依旧是日本最有代表性的艺术家之一。冈本太郎在其著作《今日艺术》中写道：

> 艺术就和每日的食物一样，是我们生命不可或缺的必需品，或者可以说生命本身就是艺术。
>
> 所有人都要相信现在每分每秒的生活意义，那种喜悦就是艺术，表现出来的就是艺术作品。

也就是说，冈本认为：艺术就是“生活本身”，就是“活着的喜悦”。生活本身就是艺术。如此一来，我们就能理解“有史以来，艺术就相伴于我们生活的左右”的道理了。你每天感受到的喜悦就是“艺术的真谛”,表现它们的就是“艺术作品”。这就是冈本太郎的观点。

所以，冈本太郎不认为艺术家是特别的存在。他认为不论是谁，人的本性都是艺术家，是天才。只是，后来沾染的世俗的“污秽”蒙蔽了其本性，使人丧失了原本的面目。

艺术有助于什么

冈本太郎指出：很多生活在现代社会的人都丢失了“活着的喜悦”（也就是艺术）。

冈本太郎
（1911～1996）
艺术家

随着社会的成熟，生产力在提高，社会分工越来越细化。这就造成活着的喜悦和劳动的喜悦分离开来，人宛如成了一个零部件，变得“不得不劳动”。冈本太郎警告说：“这已经偏离了人本来的生活状态”。的确，科技的发展、社会的进步会让人们的生活变得日益丰富。人们可以拥有电冰箱、私家车，生活变得很快乐。可是，并不是只有这种“外在条件”让人的生活变得丰富。人真正需要的是不被这种外在条件所操控，从内在之中发现自己的生存方式，抓住自己的生活能量。换言之，就是“创造自己”。

他还认为，艺术存在的意义就是找回“人性”，“创造自己”。他用“最纯粹、最强烈的方式找回失去的自己”来定义艺术。这就是冈本太郎认为的“艺术的作用”。从冈本太郎的创作活动中，能感受到与产业、发达科技的对抗，想要找回人性的强大力量。

在大阪世博会上，世界各国无论是在展示、科技和国力上都充斥着角力的味道，他却创作了和科技毫无关系的意在强调人性和自然的作品——太阳塔，这恰恰体现了他对“信奉科学”的反命题。

艺术就是为找回人性而存在的东西。你如何看待冈本太郎的这种艺术观呢？

科技节约了人的"时间和劳动力"

继冈本太郎之后，我再介绍一位日本美学家、哲学家今道友信关于"科技和艺术"的观点。

今道在其著作《生态伦理学》中指出，科技的成果"节省了时间和劳力"。比如，利用升降机和电梯，只需按下按钮，即便手拿重物，也可以毫不费力地在一分钟之内到达大厦的几十层。他认为科技就是"尽量减少过程，最大可能地得到结果"。今道认为科技的进步"对肉体上有缺陷的人作出了贡献"。体力上无法登山的人，可以乘坐缆车或是索道，和普通的登山者一样在山顶欣赏美景。

艺术让人能品味"时间"

今道友信
（1922~2012）
哲学家、美学家

然而，他也没有一味鼓吹科技的进步。

不能否认的是（借助索道）徒步登山不再成为风潮，在这一过程中潜移默化养成的互帮互助的友情、忍耐力、持久力、勇气等德育训练也失去了依托。

他指出“科技缩短了过程，也丢失了在过程中自然形成的东西（友情、忍耐力）”。他还指出“对人类而言，时间性很重要，可是科学技术压缩了时间性，将人类的本质朝虚无化推进”。

我觉得，今道想说的是：人类之所以能“有人性”的存在，就是因为我们有时间性，科学技术缩短了时间，提供了便利，但这也损害了“人类的本质——人性”。

诚然，随着科技的进步，人的移动变得更舒适更快捷。信息传递的速度更快，信息量本身也急剧增加。只要有电话就没必要直接见面交谈，利用邮件的话连语言交流也省下了。**我们的生活在所有方面都变得更高效。可是，这种进步压缩了时间性，造成人类丢失了“人性”。今道认为通过艺术表现出来的美能将人类重新引导到“人性的方向”。**

很多人喜欢去美术馆，究其原因，说是在美术馆可以一边欣赏绘画，一边慢慢感受时间的经过。很多人去听古典音乐会也是因为不仅“现场能听到喜欢的音乐家的演奏”，而且还非常珍惜那种在现场感受到的“时间”存在感。平日生活繁忙的人在艺术面前可以悠闲地打发时间，如此才能“找回有人性的自己”，“找回人类本质上拥有的感觉”。

我自己平时也非常忙碌，日程安排都精确到几点几分，有时我在美术馆看到自己喜欢的画作，竟会持续欣赏一个小时。我并不认为这是在浪费时间。可能眼前看不到任何效果，但这会让身心感到很充实。不光是绘画，面对雕塑和音乐，面对这些更多有自然含义的事物时也是这样。就像今道说的那样，这些美的体验能让我们找回“丢失的时间性”，也就是冈本太郎说的“恢复人性”。

这才是现代艺术的价值！

你如何看待今道的主张呢？

你认为的“艺术的价值”到底是什么呢？

艺术比科技更重要吗？

公共政策公开讨论：应该保护传统文化吗

作为本章的最后练习，我们的主题是结构调整。题目是“应该保护传统文化吗”

其实，早在2009年“传统文化儿童培养事业”就成为了结构调整的对象。简单来说，就是针对向孩子们展示或让他们体验传统文化的事业，有人质疑：“预算是否可以减少一些”呢？接着，在2012年，大阪市长桥下宣布“冻结对文乐协会的补贴”，引发社会热议。“文乐”就是人形净琉璃，是从江户时代流传下来的传统艺术。不光文乐，日本还有很多传统艺术。众所周知的有歌舞伎、艺能、狂言，还有日本舞蹈、音乐等，形式多样。

可是，说到这些传统艺术现在是否还很流行的问题，其状况却并不乐观。时代变了，流行的艺术形式当然也会发生改变，如果人气低迷的话，其演出自然会陷入困境。如果没有国家或地方政府的保护，艺能的留存也会很难，这种情况并不少见。除了艺能，日本还有茶道、花道等很多传统文化，它们很多也陷入无法留存、无人继承的窘况中。

如果国家或地方政府财政上相对富余的话，不至于会讨论要不要保护的问题，但现在大家都知道国家和地方政府的财政状况很糟糕。那么，这就带来了下面这个问题。

> Q：如果某些传统文化没有经济援助就无法留存，你认为政府应该施行保护政策吗?

这就是本次练习的目的。

那种文化“永久性”地中断可以吗

我在班级里进行过这个题目的练习，相同的题目我也问过很多人的看法。我举其中的一个例子。

首先是认为“不应该保护”的意见：

> 原本“演出市场不景气”就是很大的问题。演出市场不景气说明现代人不接受，也就是人们认为“并不需要这个”。不管现状如何，一味地认为“这是传统”“已

经存在了几百年”而投入很多预算，这样有多少钱都填不满。

这不是轻视传统文化或传统艺能，它们更需要自力更生。很多传统艺能为了让现代人更容易接受，努力改变表演形式，下功夫，使其得以传承。“超级歌舞伎”就是一种很好的尝试。不愿努力和改变，“只寄希望于经济援助”是很难让人接受的。

这一建议很残酷。在文乐问题上，桥下市长也是强烈要求协会方面“重新做财务预算”。时代虽然在变化，但在资本主义社会中，要求自己努力、下功夫去进行演出也是理所当然的。只是，这种经济理论真的能解决问题吗？

下面接着来听一听认为“应该保护”的意见：

因为“演出市场不景气”“作为商业形式是不成功的”的理由不对传统文化、传统艺能进行保护，那么“日本独特的文化”就会逐渐衰退。

歌剧、音乐剧这些欧洲表演艺术越来越受欢迎，如果日本自古以来的表演形式持续低迷，日本的传统文化就会灭亡。芳香疗法、西式插花的人气高涨，日本的茶道、花道就此消亡也可以吗？

> “努力让他们有所盈利”的想法是需要的，但也应该有凌驾于理论之上的应该加以保护的东西。“作为商业活动是不成立的”这只反映了“生活在现代的人们的趣味”，以区区几十年的感觉为理由就让已经存在了几百年，甚至几千年的文化因此消失，这对日本而言一定是极大的损失。
>
> 如果日本（或日本人）想向世界展示他们的存在感，也不应该丢弃日本这个国家所拥有的文化或传统。不能因为欧美音乐、舞台表演受到欢迎，就放弃日本的文化，这只会让日本丧失独特性，降低其存在价值。

这也是很有说服力的观点。

不能因为现在不赚钱就说它“价值低”。仅因为经济理论就舍弃日本文化，这或许会让日本人逐渐丧失其独特性。将来日本的古典文化、表演艺术或许会受到人们的喜爱，也许世界会再次发现其价值，再次引发“日本风潮”也不是不可能的。比如2020年，将在东京举办的奥运会，在开幕式这种应该向全世界展示日本文化和艺能的时刻，如果没有文化传承下来，那么到时候才是个大问题呢。

虽然这个练习主要探讨的是“传统艺能”，但像法隆寺、东大寺等建筑物，以及自古就有的佛像等文化遗产，对它们的保护，如果修复经费无法自理的话，那么国家和地方政府应该给予支援吗？这些问题都值得探讨。

国家和地方政府的资金也是有限的，不可能什么都援助。这样又会产生一个新问题：应该保护或者应该放弃传统、文化中的哪些东西？应该如何界定呢？

本书的练习题目都是不能轻易给出答案的开放性问题。所以，我觉得你需要更加认真地去面对和思考，这样才能形成自己的观点，这一点非常重要。

传统文化、艺能究竟需不需要保护呢？

你是怎么想的呢？你的观点又是什么呢？

THINKING TIME
锻炼思考力时间

为“没有答案的问题”找出答案

本章的一开始我们探讨了发展科技和保护自然哪个更重要的问题。做过环境峰会练习的你一定深切感受到“这是个无解的问题”吧。这些都不是二选一就能找到答案的简单问题。

比如，世界上一定有很多人会有这样的想法，有了电动汽车“就可以通过科技的进步解决保护自然的问题（能源问题）”。我的朋友——兆汽车公司社长得重彻先生就是其中的改革者之一。兆汽车公司面向老年人开发了安全电动汽车（像摩托车那样的四轮车），主要从事面向亚洲市场的电动摩托车的开发。据说，世界上有 80% 的油气混合摩托车都在亚洲销售，这不但造成了严重的大气污染，加剧了对自然的破坏，而且也造成了严重的交通隐患（在越南，每年有 16 000 人因此而丧生）。的确，在东南亚地区，马路上到处都是“狂奔”的摩托车。可是，因为“大气污染严重”的理由就要求他们放弃使用摩托车也是不合理的。

这时，按照二选一的思维方式，就会陷入“利用摩托车追求便利性，还是弃用摩托车保证人身安全、保护自然环境”的两难局面。

可是，如果我们拓开思路，开始思考“有没有不污染大气的摩托车呢”，这才是变革产生的第一步。兆汽车公司的产品就说明了这一点，对于由日本公司开创了这一变革，他们感到非常自豪。

CLASSES 5

05
了解“国家”

Q：请思考为什么内战比国际战争更多？

选自 2004 年联合国职员录用考试试题

别把国家当空气

Q：请思考为什么内战比国际战争更多?

选自 2004 年联合国职员录用考试试题

这是一道联合国招聘职员考试的真实题目。它从更广、更深的角度考察学生的“国家观”和“战争观”。

你如何理解这道题呢？如何组织你的思路呢？如何回答呢？

出题者当然知道这不是一道有标准答案的问题，他们只是想通过这道题来了解每位考生的思维方式和价值观。

正如题目中所说的那样，的确在现代，国家的内战比国际战争更多。20 世纪被称作“战争的世纪”，由国家对立引发的战争此起彼伏。第一次世界大战和第二次世界大战从某种意义上也可以说是“国际战争”的延续。

对此的不同看法，会造成对“联合国入职考试”题目的不同回答。比如，如果你认为苏联和美国的对立激化了国家间的战争，那么你就可能认为越南战争也是国家间的战争，苏联的解体，导致东方和西方的对峙形态瓦解了，世界的“战争形态”也随之发生了很大的改变。如果你将美国和苏联的对立看作是意识形态的对立表现，那么你的观点也会不同。

的确，冷战时期的美苏代表的意识形态的对立非常尖锐。那么，现在冷战结构已经瓦解，意识形态的对立随之消失了吗？这很值得思考。有学者专门研究冷战结构解体，美苏的国家对立随之消失，意识形态的对立也烟消云散。另一方面，也有学者认为意识形态的对立依然存在，这种对立不再表现为“国家和国家”的对立，而是被地区、文明的对立所取代。这也是被讨论得热火朝天的论点。

为什么政府宣称“不和恐怖主义谈判”

转变一下视点，当我们关注国内战争时，我们也会看到“国内战争”能使国家的形态、现状发生天翻地覆的改变，比如南斯拉夫解体，分裂成了6个国家，就是其中的一个例子。能关注到这种国家分裂也是非常重要的一个观点。

也许一提到现在的世界战争，第一个涌现出的印象就是“和恐怖主义的战争”。这不是“国家和国家”，而是“国家和恐怖组织”的对立。我不否认这种对立形态已经引发了复杂且深刻的问题。当发生恐怖事件时，国家或政府的代表经常会宣称“不和恐怖主义谈判”，那么他们为什么会说“不和恐怖主义谈判”呢？这里存在着各种不同的意见和立场，观点和主张，还涉及到国家担负着什么样的责任、以什么为优先、守护什么等不同认识。

现在我们来思考一下比这个更根本的问题。

本章开头提到的虽然只是一道考试题，却能由此延展出更多的问题，涉及你如何理解“国家”这一概念、如何看待

"国家"、如何做出判断。那么，究竟为什么这个世界的战争会从"国家间的战争"转变为"国内战争""国家的分裂或独立""和恐怖主义的战争"等形式呢？

联合国的这道招聘考试题从更广阔的角度考察了考生看待问题的视点、价值观和思考方式。

国家不是"理所当然的存在"

我们换个角度，说说离你更近的身边事。

如果你到了国外，经常会被人问起"你是哪里人"有海外旅行或是留学经历的人，会是这样的一番对话："Are you Chinese?（你是中国人吗）""No，I am Japanese.（不，我是日本人）"这是很平常的一段对话。如果你是日本人，你就会毫不犹豫地回答"我是日本人"。那么，如果对方又问："你为什么会是日本人呢？"你将如何作答？虽然很少有人会这样问，假设真有人这样问的话，你会说出"因为我出生在日本，在日本长大"或是"因为我有日本国籍"等理由来证明自己是日本人吧。

那我再问你一个问题：

Q：你所谓的“国家”到底指的是什么？

你又会如何回答呢？大概没有人能轻易地回答出这个问题吧。大家或许会说“什么是日本”“国家是什么”这种问题太过抽象，无法回答吧。我想，大部分正在读这本书的读者都从未认真思考过“国家是什么”这个问题。因为在我们出生时这个国家既已存在，理所当然我们就属于这个国家，遵循这个国家的法律和文化生活，并且在这样的环境中成长。所以，对于日本人而言，日本就是“出生之时就理所当然的存在”。

可是，当我们放眼世界时，你会发现国家绝不是“理所当然的存在”。就像苏联、南斯拉夫一样，世界上“一个国家”的诞生、灭亡和分裂并不少见。昨天还是南斯拉夫人，今天开始就是克罗地亚人了。“国家”并不像我们想的那样是理所当然的存在和存续的。于是，我们就会产生“国家到底是什么呢”的质朴疑问，这就是我们要讨论的主题。世界一流名校，也通过各种形式让学生思考“国家是什么”。

走出国门，我们经常会被问道：“日本是一个什么样的国家”这个问题包含很多要素：“自然环境如何，科技水平怎样，生活水平怎样，文化如何，生活着什么样的人……”有时，这个问题里可能还含有一些政治因素：“日本这个国家重视什么”“国家的理念是什么”等等。如果被问到这样的问题，你就要对“日本”是个怎样的国家给出自己的思考、判断和说明了。在回答这些问题前，你必须要思考的就是：“国家到底是什么”“它的作用是什么，发挥着什么样的功能”

国家是什么？

当然，突然说到“请思考一下什么是国家”，大家会不知道思考什么，怎么思考。这时候你的知识，你的思想，你的素养会帮助你认识这个问题。我们一边回顾过去哲人们的思想，一边深层次挖掘“自己到底是怎么想的”吧。

关于“国家是什么”这种本质性的问题，欧美课堂上是以阐述两位思想家的思想开始的。在被认为是近代国家逐步确立的 17 世纪，同时活跃着两位哲学家——托马斯·霍布斯和约翰·洛克。

平等是最危险的

托马斯·霍布斯出生于 1588 年的英格兰王国，是活跃在 17 世纪的哲学家。很多人在世界史的课堂上都听说过这位大名鼎鼎的哲学家，他写下了闻名于世的著作《利维坦》(*Leviathan*)。

那么，霍布斯是如何阐述“国家”这个概念，又是如何定义的呢？作为书名的“利维坦”是一个和人类体型相似的巨大怪物。这个巨大怪物就凌驾于我们之上存在着，它就是国家。这真是一个独特的比喻吧？

托马斯·霍布斯
（1588～1679）
哲学家

霍布斯认为“人生来平等”。每个人的肉体、精神的机能不会因个体的差异而有太大的差别。当然，每个人的高矮不同，胖瘦也不同。既有大脑反应灵活的人，也有反应迟钝的人。这是无可避免的，但这种差异并不太大。即便一个身宽体胖、擅长打架，看起来气势凶猛的彪形大汉，若趁他睡觉时袭击他，或是发动众人一起进攻，就能轻而易举地打败他。

因此，霍布斯认为个体差异“并不会强大到能让一个人支配另一个人，让另一个人服从”。在这个意义上，霍布斯想表达的就是“人生来平等”的观点。

因为平等所以起纷争

人都是平等的。

听到这样的话，很多人都会有种和平、祥和的感觉。可是，霍布斯想说的并不是“世人因平等而和平”。恰恰相反，他在警告世人，“没有比平等更危险的事情了”。

比如，A和B两个人的目标相同。说得再简单些，假设山顶上有个宝贝，两个人都想爬山得到它。原本两人能力上差别不大，一场势均力敌的比拼后，A取得了胜利，得到了那个宝贝。这时，问题就产生了。败北的B如果“只觉得遗憾”而心甘情愿放弃的话，故事就不会继续了。可是，B觉得眼前的A和自己在能力上不相上下。只因比赛登山输给了A，如果换作比武，自己未必会输。这样想着，B可能会突然袭击A，意欲抢走那个宝贝。

发生这样的事情，人们不会感到奇怪吧。这就是霍布斯说的“那是正常的事情”。

再举个例子。有个人拥有一个舒适的家，某天，另一个人突然闯入这个家,杀害了原来的主人或是把他们赶出屋外，把这处舒适的家据为己有。可是，他也只不过安心住了一段时间，又出现了新的入侵者来抢夺这处房屋。

霍布斯说，大家的能力相当，也就是只要大家处于这种平衡状态，就会经常出现彼此的不信任，互相视为敌人。也就是说，他是在“人性本恶”的基础上来认识和理解人类的。

正因为“想要得到别人的认可”，才会攻击别人

在互相不信任，“四面楚歌”的环境下，应该如何保护

自己的安全呢?

假设你身处这样的环境，想象一下。

可能你的生活安稳，但是，如果你总是保持沉默，就一定会有人攻击你，破坏你的安稳。为了在这种环境中保护自己，你就会选择先发制人，主动攻击身边的人，以便支配他们。在被别人攻击之前先整备军需，只有先声夺人，才能维护统治。结果，这就成了在彼此互不信任的社会环境中守卫自身安全的唯一最好的办法。这是霍布斯的基本思想。

他还认为“人追求别人对自己的评价”，为了获得对方的评价才会持续攻击别人。每个人都想被别人评价。这时，要先下手为强，要让对方臣服，让对方承认“你是个厉害的人”“你是个强人”。所以，他认为人被“想获得对方评价”的欲望驱动，才会胁迫周围的人，一直攻击别人。

霍布斯认为人们互相斗争的原因有三个：竞争、相互不信任和夸赞（被评价）。这一观点似乎基于“人性本恶”的立场，但事实上也有一定的说服力。如果人们之间存在着不可逾越的差距，在一个“这个人说的绝对没错”“怎么做都不能打败他”的环境中，人应该不会想要竞争。因为结果是显而易见的。可是，遗憾的是，人是平等的，个人的能力差微不足道。这就引发了竞争，产生了相互不信任，造成不停息的战争局面。而且，霍布斯认为，即便现在没有发生战争，但如果一直保持“反正迟早会有人攻击我，倒不如我先发制人”的思想，也是一种“战争状态”。

没有国家这个“巨大的怪物”，生活就没有安全可言

以上都是关于霍布斯的“人性观”。人都是平等的，因为平等所以战争不绝。这是霍布斯的思想起点。

当然，人都想能够安全安心地生活。没有人希望战争一直持续。可是，如果一切风平浪静的话（因为人是平等的），迟早也会发生斗争。为了解决这种两难的局面必然需要“共同的权利”和“共同的规则”，这就是国家的萌芽思想。

“利维坦”这个巨大的怪物（国家）就成为了“共同的权利”和“共同的规则”，管理、约束着人们的部分行为。因此人们才第一次摆脱了“死亡的恐惧”。如果我们生活的

环境里没有“共同的权利”和“共同的规则”，那么正义和邪恶也将不会存在。如果不存在正确和错误的判断基准，那么抢夺别人的东西、杀死别人都将成为理所当然的事情。如果彼此都处在战争状态中，正义和所有权都将不复存在。

脱离这种状况，通往和平之路，必不可少的就是国家这一“共同的权利”。这就是霍布斯的主张。这可以看作是通往和平的协议。制定“大家都要遵守这一共同规则”协议的就是国家。当然，这是基于相互信任的基础上的协议，如果有人违背协议，协议就会失去它的意义，协议“想要维护的世界”就会被破坏。

霍布斯认为，为了防止这种情况的发生，就必须有强制力的权利，必须要对破坏协议的行为给予重重的惩罚，代价要比他们获得的价值大，让他们对惩罚心生畏惧。对于那些想要夺取他人“正在居住的舒适住所”的人，就把他们扔到“监牢”那种让人无比不适的地方去。正因为有重刑、有恐惧，才能保证大家都会遵守协议，安全生活（如图 5-1）。

能发挥这种作用的就是国家这一政治共同体。简单来说，这就是霍布斯对于国家的观点。为了避免误会，我要说明一点，这并没有揭示关于国家建立的“真实”。这只是霍布斯的观点而已。当然有人会赞同，也有人会反对。

那么，了解了霍布斯的观点后，你是怎么想的呢？你是“赞成”还是“反对”呢？或许你也开始思考：“除此以外，国家还有更重要的作用吗？”也许你开始怀疑：“现在日本履行了国家的所有作用吗？”

总之，我不是只让大家作为知识点背诵这一观点，而是希望“什么是国家”这一难解之题能引发大家对它的思考，思考其更根本性的问题。为了让大家更多地思考，下面我会介绍第二位哲学家约翰·洛克。

图 5-1 《利维坦》抑制争斗的发生

以“国家观”探讨核问题

约翰·洛克是一位哲学家，出生于1632年的英格兰王国。他的思想大大影响了美国独立宣言、法国人权宣言，在世界史上是一位不可或缺的重要人物。

我认为，洛克相比霍布斯的思想，最显著的不同是他们的“人性观”。

前面讲过，霍布斯基于“人性本恶”的出发点，认为“放任不管人就会彼此不信任，一直争斗”。可是，洛克并不这样认为。洛克的立场可以说是基于“人性本善”。人处在一种自由状态下，就会遵循自己的信念，自律自己的行为，保护自己的财产，决定自己真正想做的事情。洛克认为这时人遵循的规则不是由谁决定的，而是原本就存在于世间的“自然状态”的法律、自然法。也就是说，人原本就能够正确地（不给别人添麻

约翰·洛克
（1632～1704）
哲学家

烦，不会威胁到他人的生命、自由、所有权）生活。洛克相信人自然具有“正确生存”的精神。如果你能自由生存，还有你能够认真遵守人必须要遵守的最低法律约束，就能和周围的人安全、舒适地生活在一起。洛克的思想根源就在这儿。

我们从洛克的主张里能强烈地感受到他相信人有良心、人有正义感这一点。这可以说和“没有权利的监视，人们就会陷入互不信任的战争状态”的霍布斯的观点截然相反。几乎在同一时期，同样在英格兰诞生的两位哲学家的观点如此迥异，这本身就是一个很有意思的事情。

人类一开始就具备“自我约束力”

洛克和霍布斯一样，也认为人是平等的。

洛克认为，除去有特殊能力的人，人生下来就能获得同样的权益，具备同样的能力，相互间平等，没有从属或服从。

霍布斯认为“平等关系造成人们不断争斗”，但洛克并不这样认为。洛克认为人必须要遵从自然存在的自然法则，在自然法则之下，所有人都是平等独立的。而且他还坚信“诚实和信义是人作为人生来固有的，绝不是人作为社会一员才具备的东西”。换句话可以理解为：不是“有了社会规则才去遵守它”，而是“人原本就具有自我约束的能力，人能在自律下生活”。

国家是不必要的吗

在看过洛克的主张之后，或许有人会想“那么就不需要国家了，对吗”。

人如果能够自由随性地生活，就不会互相伤害彼此的生命和财产，就能自律性地生活。如此一来，即便没有国家，不是也能够安全、健康地生活下去吗？这样想毫不奇怪。

可是，洛克并没有说“国家是不需要的”。只要人生活在同一个地域里，总会存在或多或少的纷争。有时会有些我行我素的人，种在自家院落里的树木，其枝条有时也会延伸到邻居家的空间。或者在自己的地域内能安全生活，但并不意味着不会有敌人从外部闯入。针对这样的侵犯，洛克认为为了实现坚固的安全保障，为了大家能和平生活，有必要在征得个人同意的基础上建立共同体。人原本就是能够正确生活的，但可能也有“不按常理出牌”的人存在，偶然的状况也可能会造成纠纷。洛克承认这种状况的存在，提倡国家存在的必要性。

对于洛克的思想，或许有人会认为：“什么呀，结果还不是和霍布斯一样，他也承认存在纷争，所以国家的存在是必要的。”这也是一种思维方式。我认为，虽然他们的结论“国家是必须的”都一样，但得出结论的思考过程和他们的人性观是不同的，这是非常关键的不同点。

以种在院子里的树木为例，霍布斯的出发点是：“树木的枝条早晚有一天都会侵入到邻居的领地，纠纷一定会发生。因此，事先设定好明确的规则，大家都遵守规则才能保障彼此的安全。”与此相反，洛克的观点给人的感觉是：“枝条或许会伸到邻居的空间。一旦出现这种情况，大家通过协商，凭自己的良心，来决定如何解决。当然，那时如果有一些规则的话会更有利于问题的解决，所以大家进行协商，制定互相遵守的规则更好。”

在“制定规则，大家遵守”这一点上，两个人的观点是一样的，但因为“人究竟是什么”这一根本思想的不同，造成两人在认为的规则内容和实施方式上大不相同。

为了思考“现代课题”而存在的素养

下面我提出一个现代问题：

> Q：你对核武器有什么看法？国家应该采取什么对策？

日本是世界上唯一一个直接遭受过核爆炸袭击的国家。还发生过核发电站的安全事故，因此，核、核能是一个无法回避的问题。

按照霍布斯的观点，“放任不管，纷争就会一直持续下去”“即便你能平静地生活，但不知道什么时候就会有人对你发起进攻”，那么，保有核能力就能在国家遭受袭击时做出迅速反击，确保自身安全，这种想法是成立的。但按照洛克的观点，“人原本就是遵循正义自我约束的存在”，比起通过核武器威慑对方，倒不如通过必须的、但是最小程度的军备来确保安全。

这不是一个二选一的问题，可以有中间意见，也可以有完全不同的新观点。我想说的是，不管是霍布斯的思想，还是洛克的主张，都不是为了“学习世界史而学习”，他们的思想能将我们今天的日常生活和所属的国家，以及其他国家紧密地联系在一起，构成了整个世界。

在了解了霍布斯和洛克的思想（当然只是其中的一部分）后，你又是如何看待“国家”的呢？

国家的职责是什么？有什么样的规则？应该如何行使呢？

我们要把国家的掌控权交给拥有怎样思想的领导人呢？

全世界可以成为一个国家吗

学习过霍布斯和洛克的思想后，我们了解到为了确保自己的安全，为了更强化这种安全，就需要建立共同体，这就是国家存在的意义。即便这不是国家存在的唯一理由，“守卫属于一国之人的安全，保障人民的生活”是国家能够起到的重要作用，这一点是毫无疑问的。

是不是现在你有一个疑问？

你是不是会想：为了大家能和平地安心生活，全球建立一个国家，大家在同一个权利下，遵循同一个规则（对于不遵守规则的人给予惩罚）生活，这样不是最好吗？

如果国家是本着“大家能够安全地生活”的目的而存在的，那么所有的国家都成为一个统一的整体，就能最大限度地维持和平吧。然而，大家都知道，全世界统一成为一个国家并不是件容易的事情。不管是苏联还是南斯拉夫，不仅没能实现统一，反而变得四分五裂。

那么，为什么国家会不断分裂呢？

重视超出国家范围的“文明”时代

我想介绍一下常年在哈佛大学执教的国际政治学者塞

缪尔·亨廷顿[①]的观点。

亨廷顿1927年出生于纽约，2008年去世，可以算是一个和我们同时代的人物。他于1996年出版了著名的《文明的冲突与世界秩序的重建》（*The Clash of Civilizations and the Remaking of World Order*），书中的观点引人深思。在书中他认为，今后国际政治的中心是不同文明背景下的集团间的对立。

在1991年苏联解体，冷战格局终结之前，世界的政治中心是国与国之间的对立。也可以说，那是一个辨识清楚“自己属于哪个国家”的重要时代。可是，亨廷顿认为，在苏联解体后的几年间，人们的自我认同和自我认同的象征开始急剧变化。冷战时期的世界政治形势两极化，再加上第三世界国家，这种三层结构就是世界政治的中心。

塞缪尔·亨廷顿
（1927~2008）
国际政治学家

可是，当今时代，冷战格局早已

① 塞缪尔·亨廷顿(Samuel P. Huntington)，哈佛大学博士，当代西方最负盛名的保守派政治学家之一，曾担任美国政治学会主席。——编者注

烟消云散，亨廷顿认为最重要的“不同”不再是意识形态、政治和经济的区别。而是“属于哪个国家”“属于哪种文明”的集团划分法的意义更为重要。于是，他向世人发问：

> *Q*：我们究竟是谁?

亨廷顿指出，回答这个问题的关键点不是国家的集团划分，而是与我们相关联的祖先、宗教、语言、历史、价值观、习惯和制度等广义的文明。如果不能从文明与文化的角度了解自己属于什么,就无法判断“自己究竟是什么样的人”“谁是朋友，谁是敌人”。

这就是亨廷顿在《文明的冲突与世界秩序的重建》中论述的内容。

亨廷顿给出的 8 个文明集团

下面介绍一下亨廷顿从文明的角度做出的世界划分。

他说“世界可以分为 8 个文明集团”：

- 中华文明
- 日本文明
- 印度文明
- 伊斯兰文明
- 西方文明
- 东正教文明
- 拉美文明
- 非洲文明

可能有人未必赞同这种划分方法，但其超越国家框架而做出的强有力的文明整合，难道不是一种很有说服力的说法吗？以亨廷顿的文明集团划分为主轴分析世界形势，可以说是一种很有价值的观点。

事实上，对比世界发生的恐怖事件或纷争，很多都是因为宗教、部落和民族的对立而引发的。亨廷顿还警告说：“不同文明的国家和集团之间如果发生了暴力冲突，冲突就有可能升级恶化。”即便是在狭小地域范围内发生的暴力冲突，经常会由于属于同一文明的其他国家或集团支援“同胞”的举动而扩大、激化冲突。这种支援不光是表面能看得到的物质，还可能包括各种暗箱操作的武器提供和财政援助。

日本是以独立文明形成国家的“唯一国家”

亨廷顿的分类中，有一个很有深意的地方，那就是“日本文明”被划分为世界 8 大文明之一。亨廷顿认为，日本是“国家”这个框架和“文明”这一范围完全重合在一起的“世界上唯一的国家”。

日本“全体国民共享同一文明”，而且“海外没有同一文明信仰的人存在”，是一个非常罕见的存在。常常有人批评日本人不理解世界发生的宗教战争、民族战争所代表的文化、文明对立以及其背后隐含的本质原因。这或许就是因为在自己的国家中他们从未清楚地认识到“文明的冲突”。

日本人常讲“以心传心”“察言观色”“注重礼节”,等等，大家有种共识——不用表达清楚“大家也理所当然都知道”。其原因很大程度上就在于亨廷顿所说的“作为国家，作为文明，都是在同一框架内完结，是非常罕见的存在”。

亨廷顿所说的“罕见的存在”的日本，究竟是一个怎样的国家呢?

下一节，我们再来探讨这个问题。

思考我们在世界中的定位

“我们是一个怎样的国家”“我们是什么样的国民”

前面介绍过，亨廷顿说“日本是世界上唯一一个具有固有文明，不和其他国家共享文明的国家”。他还直言从文明的角度来看，日本是一个“孤立的国家”。

不管是属于世界上某一种文明的人，还是在本国以外也有共享同一文明的人，他们之间会产生共鸣，彼此视为同胞，得到各种支持。亨廷顿认为这种情况在世界上很正常，可是只有日本（或日本人）无论到世界任何地方，都几乎不会遇到拥有日本文明的人，他们和不是日本人的人们很难建立文化共同体。他还说，在文明和文化都自我完结的日本，对其他的文明文化没有亲近感或是存有敌意（当然日本如果愿意的话），所以他们推行只关注自己国家的富强和物质繁荣的外交政策。

正因为我们身在日本，完全浸泡在日本文化中，所以才不会注意到“这是多么罕见的事情”，但如果放眼世界，你就会发现，日本文明的确是一个非常稀有的存在。

日本和美国的微妙关系

亨廷顿还注意到“日本是第一个取得近代化成功的非西方国家，但日本却没有西化”。暂且不论日本人自己是否意识到了这一点，亨廷顿所说的“没有西化却取得了近代化的成功”，这正是 1870 年以后，日本发展的中心课题。

明治时代始于 1868 年，从明治初期直到现代，日本围绕“不西化的近代化”的中心课题，实现了独自发展。对此，有赞成的，有反对的，各种意见众说纷纭，亨廷顿对于日本这个国家（或是国民性），通过和其唯一的同盟国——美国的比较，做出了如下的特征归纳：

（很明显，前半句指的是美国，后半句对应的是日本）

- 个人主义和集团主义
- 平等主义和阶级制度

- 自由和权威
- 契约和血缘关系
- 罪和耻
- 权利和义务
- 普遍主义和排他主义
- 竞争和协调
- 异质性和同质性

美国和日本之间的文化差别如此之大，但两国依旧保持着同盟关系。通过和美国的对比，更能看清楚“日本是一个什么样的国家”。“个人主义和集团主义”“契约和血缘关系”“竞争和协调”这是区别于美国人和日本人的关键词，也是解读近年来日本人特征或是变化的关键词。

你是怎么想的呢？

日本在文明上，是一个“孤立无援的自由之国”

亨廷顿认为，在日本近代化的进程中没爆发革命也是极为罕见的。

比如，从江户末期到明治的变迁中，就像“江户城的无血开城”那样，日本并没有出现伴随割裂社会的痛苦而壮烈的革命事件。即便是在第二次世界大战之后，日本处于美军占领之下，仍没有出现为了改变体制而爆发的造成很多人流血牺牲的革命事件。因此，亨廷顿认为日本在保持传统文化的统一性的同时，也建设了高度文明的近代化社会。

对于明治维新时“流血还是没流血”这一点，也会因为历史观的不同而说法不一。但和英国的清教徒革命、美国的独立战争和法国革命相比较，日本算是比较平和、平稳地进行了变革，这一点应该没有异议。

难以发生“大规模壮烈的革命事件”的背景原因，和日本这个国家共享同一种文明、同一种文化和同一种价值观有着千丝万缕的关联。亨廷顿从这里看出了“日本的独特性”。

他曾经这样说过：像日本这样的国家，其文明在国内完结，在世界上没有“文明同胞”，即便在本国出现了变革的危机，但因为它“具有文化同一的共同性”，所以，它也不会期待世界上任何国家来给予支援。亨廷顿指出，在文明相关性这一点上，日本是孤立无援的。

但是，这同时也意味着日本因为"具有相同文化同一性"，所以它也没有理由和责任支援其他国家。也就是说，日本可以尽情追求自己国家的利益和权益。用通俗的语言来表达就是，亨廷顿把日本定位成"一个文明的孤立无援的自由存在"。

我不知道你如何看待亨廷顿的观点，这又会对你的"日本观"产生什么样的影响。可是，当我们再次面对这里所说的日本特异性时，它将在我们如何看待"日本"这个国家，"日本在外交上应采取什么样的姿态"的问题上成为非常重要的考虑因素。

探讨我们是什么样的人

本章我们从"什么是国家"这个主题，探讨到"日本"这个国家。这一节我们用更贴近我们的视点来看看"日本人是什么样的人"。

最早探讨这一问题的是美国的政治学家法兰西斯·福

山[①]。他出生于1952年，父亲是第二代日籍美国人，母亲是日本人的第三代日籍美国人。他是美国国际关系学名校——约翰霍普金斯大学教授。

法兰西斯·福山于1992年出版了《历史的终结和最后的人》（*The End of History and the Last Man*）一书，书中他认为日本的商业人士是"A型行动模式人类（总是紧张、性急、竞争型性格的人）的典型代表"。直白地说，他认为日本人就是"拼命的工薪阶层"。他们任劳任怨地承受着一周70~80个小时的劳动，为了出人头地，拼命往上爬。过度劳动换来的报酬（水平本身并不低）绝不是等价的。即便如此，他们依然拼命工作，忙碌得连花钱的时间都没有。

福山分析其最根本的动机不是金钱上的满足，而是对于劳动这一行为的满足，或是通过劳动获得的地位、认知的满足。我并不认为这是100%的正确，但也不能否定事实上这也符合日本人的部分特征。

---

① 法兰西斯·福山（Francis Fukuyama），日裔美籍学者、美国作家、政治学家。哈佛大学政治学博士，现任约翰霍普金斯大学教授，代表作还有《强国论》（*State Building*）。——编者注

法兰西斯·福山还试图对日本人的这种特性从净土真宗、武士道的关系展开说明分析。他认为，质朴、节约、正直、勤劳、禁欲性的消费态度都是在日本文化和传统中一开始就具备的精神。

另外，他还提及了日本的“强烈的集团志向”这一点。家族是最小的集团单位，通过教养、教育确立各种师徒关系。进入社会后，有工作的单位组织，公司上面还有国家。日本人的集团意识就这样逐步加强，范围扩大。法兰西斯·福山认为，因为日本人的集团意识强烈，所以个人的同一性被集团的同一性抹杀。他说：“日本人工作不是为了自己眼前的利益，而是为了自己所属的集团，或是为了更大的集团利益。”

可能有人会觉得福山分析的是“一个时代以前的日本人形象”。不管怎么说，大家能了解到有这样一位分析评论日本人的美国政治学者也是有益无害的。

法兰西斯·福山
（1952~）
政治学家

像台风一样，如樱花一般

下面，我们来看看一位名叫和辻哲郎的日本哲学家的日本人观。

和辻哲郎在他的著作《风土》中，用“台风”来形容日本人的特性。用自然现象来比喻国民性，这是非常独特的。他说日本人的性格就像“季节性刮来的台风一样”。就像台风突发时的势不可挡一样，日本人的感情也会突如其来地爆发，迅雷不及掩耳之势越来越强烈，朝一个方向奋进。

可是，台风带来的强风只不过是一时的现象，不会永不停息地吹下去。和辻哲郎认为日本人的性格和台风几乎完全一样，强烈的感情、思想一下子喷发出来之后，不会执着持续太长时间。因为情感的“纯洁”和“变化的快速”，所以他们不会长时间争斗，社会整体也能够较平稳顺利地变革。

和辻哲郎
（1989～1960）
哲学家

和辻哲郎还说，日本人的气质、秉性中还能看到“樱花”的特质：

用樱花来象征日本人的气质，

是个很有意思的说法，也是很适合的。樱花一下子尽情绽放，绚丽无比，可是樱花的花期很短，它们不会坚持盛放，花落时一样干净利落，恬淡散去。

你觉得这比喻如何？

从日俄战争到第二次世界大战，日本的军国主义，偏执武断，这一切可以说是像台风一样的日本人突然迸发出其猛烈之势的结果。战后日本人调整了价值观，开始走上一条新的道路，也可以说是符合日本人性格的选择。日本人既有台风气质，又有樱花特性。

在回答“什么是日本”“什么是日本人”的问题时，和辻哲郎的这一观点也给我们提供了一个寻求答案的视角。

不失去“旧有的”，接受“新事物”

最后再介绍一下冈仓天心的日本人观。

冈仓天心是活跃在明治时期的日本思想家。他的思想简单说来可概括为“亚洲是一体的”。概括起来，亨廷顿认为“日本有自己固有的文明”，冈仓天心认为“整个亚洲都是一体的”。更有意思的是，冈仓天心认为日本明确体现了“亚洲的一体性”。他如此描述有此特点的日本：

> 日本是亚洲文明的博物馆。不，是比博物馆还有包容性。因为这个民族有个让人不可思议的天分，他们继承了不失去旧有传统的同时还能接受新事物的不二一元思想（世上万物虽然看起来千变万化，但在根本上它们都是同一个——一种古印度思想），对于过去所有思想都作为自己的根源而全盘传承下来。

冈仓天心用“不失去旧有传统的同时，还能接受新事物”来表现日本人的柔韧性，认为之所以这样，日本才会成为“亚洲文明的博物馆”。

冈仓天心
（1863～1913）
思想家、美术评论家

先不管日本是不是“亚洲文明的博物馆”，回忆一下经济高速发展时期日本的很多企业“学习世界各国企业的长处，制作出更好的产品”，你会发现这的确是事实。可能日本人真的有冈仓天心所指出的那种“柔韧性”和“坚定性”。

请回答“我们是什么样的国家”这个问题

PRACTICE
思考力练习

在前面的章节，我们从“什么是国家”这个问题开始，探讨了“日本是什么”“日本人是怎样的”等课题。现在我们做一个练习，回答一下“日本是什么，是一个什么样的国家”这个问题。比如，你去海外被问道“日本是个怎样的国家”，你会重点介绍日本的哪些方面以作回答呢?

Q：我们究竟是什么样的国家?

从哪个方面谈起都可以。比如，可以先说政治、经济，先谈谈自然也完全OK。或者，你也可以从建筑谈起，介绍日本的古建筑，说说日本的住宅情况。当然，你也可以说说日本的交通情况，介绍日本的汽车、出租车或自行车的利用情况。此外，你还可以聊聊教育、治安、职场、人际关系、家族成员和漫画等文化，总之有很多方法可以来介绍“日本”。

你会从哪个方面发掘，将日本介绍给世界人民呢？

为什么外语无法表达“加油”一词

举一个例子，我们从“日语”作为切入口。

这也是因为，以前我和一些人热烈地讨论过：世界其他语言中很少出现“加油”这个词。想起来，不管是英语还是法语，都没有和日本人所说的“加油”同一含义的词语。他们会说“Go！”“Come on！”“Do your best！”，但“去！”“尽你最大努力！”和“加油”多少还是有些微妙的语感区别的。而且，也很难向外国人正确说明“加油”的语感。每个日本人在日常生活中经常会使用“加油”这个词，或许就含有亨廷顿说的只有“同一文明底蕴的人”才能意会的语感。能感受到这种“微妙的语感”也可以说是日本人（或是日语）的一大特征。

最近，年轻女孩之间爱用的“卡哇伊”也反映了她们独特的世界观。她们说的“卡哇伊”，和“酷”“美丽”是不同的。她们有时也会把漂亮的、酷的东西称作“卡哇伊”，同时“卡哇伊”作为一种客套话也常常用于不太酷的人，对东西也会很自然地频繁使用“卡哇伊”一词。日本的偶像文化、宅文化、造型文化和cosplay文化等都受到了这个独特词语的很大影响。“日本式卡哇伊”是阐述日本流行文化的一个重要关键词。

另外一个含有日本独特语感的词语可以说是“可惜（MOTTAINAI）”。在诺贝尔和平奖的获奖者、肯尼亚出生的环境保护活动家旺加里·马塔伊[①]用过这个词之后，它一时间成为世界通用语。世界各地都有“爱惜物品”“再利用、循环利用”的概念。但日本人所说的“可惜”含有更多的精神意识（对于物品的敬意、爱护、慈悲之心）。旺加里·马塔伊女士非常看重这一部分，她深受感动，说这是“世界上没有的概念”。

读《古事记》了解日本

日本人的这种“可惜”的精神性来自哪里呢？关于这一点有各种各样的说法、意见，最常说的就是“日本人自然而然具备一种感觉，他们认为‘万事万物都有神灵存在’”。日常穿着的衣物、食用的食物，一切事物中都有神灵的存在。所以，不可以粗暴对待它们，扔掉还能用、还能吃的东西是一种浪费。这形成了日本人的精神意识。

的确，很多日本人非常自然地共有这种感觉。“针供养”所表现出来的“供奉道具”的思维意识、丢弃物品时要表达“一直以来谢谢你”的感谢之意，都是一样的感觉吧。这一切的出发点（即便没被意识到）或许就隐藏着“一切物品都有神灵存在”的思想。

① 旺加里·马塔伊（Wangari Muta Maathai），肯尼亚环境和自然资源部副部长，肯尼亚“绿带运动”的倡导者，2004年诺贝尔和平奖获得者，第一位获得诺贝尔和平奖的非洲女性。——编者注

那么，这种思想从哪里产生的呢？

让我们追溯到《古事记》[①]去看一看。限于篇幅的关系无法在此详细介绍《古事记》的内容，《古事记》的开篇描写了“神的诞生”。和基督教、伊斯兰教的神灵不一样，《古事记》里一次有好几尊神灵诞生。在高天原[②]先是诞生了3尊天神，然后就有神灵不断地登场现身。最初诞生的7尊天神被称为“神世七代”，这其中就包括创造了“日本”这个国家（或这片土地）的“伊邪那岐”和“伊邪那美”。[③]

据《古事记》记载，地上的世界原本就像油不溶于水那样是无形之物，因为伊邪那岐和伊邪那美结了婚，所以才产生了淡路岛、四国、隐岐、九州、壹岐、对马、佐渡、本州等地区。在这之后，地上又产生了天照大御神[④]、素盏鸣尊[⑤]等众神，《古事记》

① 《古事记》，日本现存的最早的历史和文学著作，内容包括日本古代神话、传说、歌谣、历史故事和帝王家谱，撰写者太安万侣。——编者注

② 高天原，《古事记》中众神居住的天上世界，有别于地上的大八州，高天原被描写为飘浮在海上、云中的岛屿。——编者注

③ 伊邪那岐和伊邪那美，也称作伊奘诺尊和伊奘冉尊。伊奘诺尊是日本神话中开天辟地的神祇，他与妹妹伊奘冉尊被视为第八代的兄妹神祇，并且是日本诸岛、诸神的创造者。——编者注

④ 天照大御神，是日本神话中高天原的统治者与太阳神。她被奉为今日日本天皇的始祖，也是神道教最高神。——编者注

⑤ 素盏鸣尊，《古事记》中的三位主神之一。是父神伊邪那岐净身时诞生的第三位神（第一位是天照大神，第二位是月读命），负责治理海洋，相貌丑陋而力大无穷。——编者注

（尤其是前半部分）里就记载了很多关于这些神灵的故事。

感兴趣的读者，建议你们一定要读一读《古事记》。只要读过《古事记》就能了解到日本这个国家从“诞生的那一瞬间”开始就产生了很多神灵，日本人的祖先就生活在这种自然而然形成的文化中，这种精神意识也代代相传。如此想来就能理解“万事万物中皆有神灵的存在”是一种非常自然的观念了。

也有很多日本人信仰佛教、基督教和其他宗教，我认为《古事记》里说的不是宗教意义上的神，更多的是“日本人精神方面的神灵”。多数日本人无形中共有的这种精神信仰就是孕育“可惜”等文化的基石吧。

如果有人问我“日本是一个怎样的国家”，我会告诉他日本人的这种精神信仰和起源。

你会向世界人民介绍日本的哪个方面呢？

即便同为日本人，“每个人着眼哪个部分，给出什么样的说明”一定也会因人而异吧。你会选取日本的哪个部分来说明呢？请你认真思考，并和身边的人交换一下看法。

THINKING TIME
锻炼思考力时间

让哈佛学生目瞪口呆的规则

我曾经收到过一封怒气冲冲的邮件，邮件的主题是：我不想遵守日本公司的规则。邮件来自一个哈佛大学的实习生，一个在日本公司工作的女生。

邮件里说，她的实习期限应该是截止到那一年的 7 月 20 日，但她已被美国的大学录取，将于 7 月初入学。从日程上看起来“时间上有些重合，不凑巧”，但因为她有 20 天的带薪休假，所以她认为“7 月初返回美国是可以的”。可是，当她向公司申请带薪休假时，上司的回复竟是“别开玩笑了。你到 7 月 20 日实习才结束，在这之前不允许请假”。我不清楚她是什么时候申请的假期，以及她是如何申请的，但从她的角度来看一定会非常气愤，“为什么不允许我申请按规定本应有的带薪休假呢”。

你如何看待她的反应?

一定有人会觉得“既然是规定，当然应该允许带薪休假”，也会有人认为“虽说规定如此，但日本公司也有自己的惯例”。像这个女孩只要在日本公司工作，即便没有十万火急的事情，平常也会有各种烦恼：“应该去参加公司的酒会吗？”“下班之后的会议应该参加吗？”“大家都在加班，我可以按时下班吗？”有外国职员的公司，那种以惯例之名存在的“日本式规则”就是矛盾产生的根源。

应该重视规则，还是和习惯或周围环境相妥协呢?

是“规则就应该得到遵守”重要，还是理应“入乡随俗”遵从对方的习惯呢?

随着全球化的推进，这个问题会越来越多，越来越严重。

你怎么看待这个问题?

CLASSES 5

结语

拥有深度思考力，才是未来在等待的人才

在这本书里，我向大家提出了好几个“无解的问题”：

- 自由和平等哪个更重要？
- 政府应该介入市场经济吗？
- 科技发展和保护自然哪个更重要？

提出这些问题并不是真的希望你“作出选择”。我更强烈地希望你能认真思考这些无解的问题，找到更多的视角，探索变革之路。

阅读本书，你不仅可以学到很多知识，还能明确自己

的价值观，加强你的哲学修养。这正是我在本书开头所说的“真正的素养”。我希望你能以这些素养为思想武器，和国内外的人士交换你们的观点、热火朝天地探讨问题。谈论的过程中可能会有疑问，“那个人为什么会那样想”“他的感觉是怎样的呢”，或许偶尔还会愤怒不已。

但我相信，和形形色色的人进行交流，更能锻炼你的思考力，产生“新的想法”，才能成为全球领袖学校（Institution for a Global Society, IGS）所要培养的“有国际竞争力、有协作精神和创新价值”的人才。

在 IGS，为了让初中生、高中生认清他们自己的价值观，我们让他们填充全球领袖地图（Global Leader Map，如图 A-1），我认为这是个非常好的方法。地图上的很多主题，在本书中都做了探讨。

请一定要掌握“真正的素养”，成为一个全球化人才，无论你走到哪里，都是一个“独一无二的存在”，你一定会散发出独特的个人魅力！

做未来在等待的人才，勇敢地走向世界舞台吧！

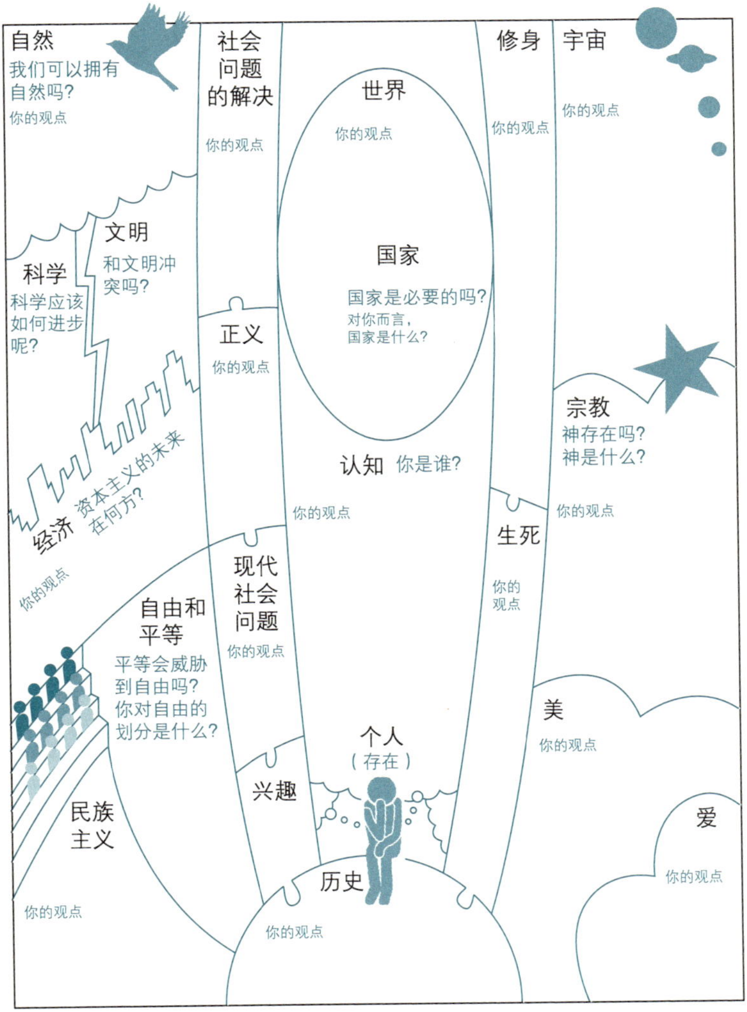

图 A-1　全球领袖地图：发现自己的价值

湛庐文化 Cheers Publishing a mindstyle business 与思想有关

湛庐，与思想有关……

如何阅读商业图书

商业图书与其他类型的图书，由于阅读目的和方式的不同，因此有其特定的阅读原则和阅读方法，先从一本书开始尝试，再熟练应用。

阅读原则1 二八原则

对商业图书来说，80%的精华价值可能仅占20%的页码。要根据自己的阅读能力，进行阅读时间的分配。

阅读原则2 集中优势精力原则

在一个特定的时间段内，集中突破20%的精华内容。也可以在一个时间段内，集中攻克一个主题的阅读。

阅读原则3 递进原则

高效率的阅读并不一定要按照页码顺序展开，可以挑选自己感兴趣的部分阅读，再从兴趣点扩展到其他部分。阅读商业图书切忌贪多，从一个小主题开始，先培养自己的阅读能力，了解文字风格、观点阐述以及案例描述的方法，目的在于对方法的掌握，这才是最重要的。

阅读原则4 好为人师原则

在朋友圈中主导、控制话题，引导话题向自己设计的方向去发展，可以让读书收获更加扎实、实用、有效。

阅读方法与阅读习惯的养成

（1）回想。阅读商业图书常常不会一口气读完，第二次拿起书时，至少用15分钟回想上次阅读的内容，不要翻看，实在想不起来再翻看。严格训练自己，一定要回想，坚持50次，会逐渐养成习惯。

（2）做笔记。不要试图让笔记具有很强的逻辑性和系统性，不需要有深刻的见解和思想，只要是文字，就是对大脑的锻炼。在空白处多写多画，随笔、符号、涂色、书签、便签、折页，甚至拆书都可以。

（3）读后感和PPT。坚持写读后感可以大幅度提高阅读能力，做PPT可以提高逻辑分析能力。从写读后感开始，写上5篇以后，再尝试做PPT。连续做上5个PPT，再重复写三次读后感。如此坚持，阅读能力将会大幅度提高。

（4）思想的超越。要养成上述阅读习惯，通常需要6个月的严格训练，至少完成4本书的阅读。你会慢慢发现，自己的思想开始跳脱出来，开始有了超越作者的感觉。比拟作者、超越作者、试图凌驾于作者之上思考问题，是阅读能力提高的必然结果。

好的方法其实很简单，难就难在执行。需要毅力、执著、长期的坚持，从而养成习惯。用心学习，就会得到心的改变、思想的改变。阅读，与思想有关。

[特别感谢：营销及销售行为专家 孙路弘 智慧支持！]

我们出版的所有图书，封底和前勒口都有“湛庐文化”的标志

并归于两个品牌

找“小红帽”

为了便于读者在浩如烟海的书架陈列中清楚地找到湛庐，我们在每本图书的封面左上角，以及书脊上部 47mm 处，以红色作为标记——称之为**“小红帽”**。同时，封面左上角标记**“湛庐文化 Slogan”**，书脊上标记**“湛庐文化 Logo”**，且下方标注图书所属品牌。

湛庐文化主力打造两个品牌：**财富汇**，致力于为商界人士提供国内外优秀的经济管理类图书；**心视界**，旨在通过心理学大师、心灵导师的专业指导为读者提供改善生活和心境的通路。

阅读的最大成本

读者在选购图书的时候，往往把成本支出的焦点放在书价上，其实不然。

时间才是读者付出的最大阅读成本。

阅读的时间成本=选择花费的时间+阅读花费的时间+误读浪费的时间

湛庐希望成为一个“与思想有关”的组织，成为中国与世界思想交汇的聚集地。通过我们的工作和努力，潜移默化地改变中国人、商业组织的思维方式，与世界先进的理念接轨，帮助国内的企业和经理人，融入世界，这是我们的使命和价值。

我们知道，这项工作就像跑马拉松，是极其漫长和艰苦的。但是我们有决心和毅力去不断推动，在朝着我们目标前进的道路上，所有人都是同行者和推动者。希望更多的专家、学者、读者一起来加入我们的队伍，在当下改变未来。

湛庐文化获奖书目

《大数据时代》
国家图书馆“第九届文津奖”十本获奖图书之一
CCTV“2013中国好书”25本获奖图书之一
《光明日报》2013年度《光明书榜》入选图书
《第一财经日报》2013年第一财经金融价值榜“推荐财经图书奖”
2013年度和讯华文财经图书大奖
2013亚马逊年度图书排行榜经济管理类图书榜首
《中国企业家》年度好书经管类TOP10
《创业家》“5年来最值得创业者读的10本书”
《商学院》“2013经理人阅读趣味年报·科技和社会发展趋势类最受关注图书”
《中国新闻出版报》2013年度好书20本之一
2013百道网·中国好书榜·财经类TOP100榜首
2013蓝狮子·腾讯文学十大最佳商业图书和最受欢迎的数字阅读出版物
2013京东经管图书年度畅销榜上榜图书，综合排名第一，经济类榜榜首

《牛奶可乐经济学》
国家图书馆“第四届文津奖”十本获奖图书之一
搜狐、《第一财经日报》2008年十本最佳商业图书

《影响力》（经典版）
《商学院》“2013经理人阅读趣味年报·心理学和行为科学类最受关注图书”
2013亚马逊年度图书分类榜心理励志图书第八名
《财富》鼎力推荐的75本商业必读书之一

《人人时代》（原名《未来是湿的》）
CCTV《子午书简》·《中国图书商报》2009年度最值得一读的30本好书之“年度最佳财经图书”
《第一财经周刊》·蓝狮子读书会·新浪网2009年度十佳商业图书TOP5

《认知盈余》
《商学院》“2013经理人阅读趣味年报·科技和社会发展趋势类最受关注图书”
2011年度和讯华文财经图书大奖

《大而不倒》
《金融时报》·高盛2010年度最佳商业图书入选作品
美国《外交政策》杂志评选的全球思想家正在阅读的20本书之一
蓝狮子·新浪2010年度十大最佳商业图书，《智囊悦读》2010年度十大最具价值经管图书

《第一大亨》
普利策传记奖，美国国家图书奖
2013中国好书榜·财经类TOP100

《真实的幸福》
《第一财经周刊》2014年度商业图书TOP10
《职场》2010年度最具阅读价值的10本职场书籍

《星际穿越》
2015年全国优秀科普作品三等奖

《翻转课堂的可汗学院》
《中国教师报》2014年度“影响教师的100本书”TOP10
《第一财经周刊》2014年度商业图书TOP10

湛庐文化获奖书目

《爱哭鬼小隼》
国家图书馆“第九届文津奖”十本获奖图书之一
《新京报》2013年度童书
《中国教育报》2013年度教师推荐的10大童书
新阅读研究所“2013年度最佳童书”

《群体性孤独》
国家图书馆“第十届文津奖”十本获奖图书之一
2014“腾讯网·啖书局”TMT十大最佳图书

《用心教养》
国家新闻出版广电总局2014年度“大众喜爱的50种图书”生活与科普类TOP6

《正能量》
《新智囊》2012年经管类十大图书，京东2012好书榜年度新书

《正义之心》
《第一财经周刊》2014年度商业图书TOP10

《神话的力量》
《心理月刊》2011年度最佳图书奖

《当音乐停止之后》
《中欧商业评论》2014年度经管好书榜·经济金融类

《富足》
《哈佛商业评论》2015年最值得读的八本好书
2014“腾讯网·啖书局”TMT十大最佳图书

《稀缺》
《第一财经周刊》2014年度商业图书TOP10
《中欧商业评论》2014年度经管好书榜·企业管理类

《大爆炸式创新》
《中欧商业评论》2014年度经管好书榜·企业管理类

《技术的本质》
2014“腾讯网·啖书局”TMT十大最佳图书

《社交网络改变世界》
新华网、中国出版传媒2013年度中国影响力图书

《孵化Twitter》
2013年11月亚马逊（美国）月度最佳图书
《第一财经周刊》2014年度商业图书TOP10

《谁是谷歌想要的人才？》
《出版商务周报》2013年度风云图书·励志类上榜书籍

《卡普新生儿安抚法》（最快乐的宝宝1·0~1岁）
2013新浪“养育有道”年度论坛养育类图书推荐奖

延伸阅读

《你以为你以为的就是你以为的吗？（经典版）》

扫码直达本书购买链接

◎ 全球最潮智慧分享大会 TED 演讲嘉宾、《哲学家杂志》主编巴吉尼畅销著作。

◎ 台湾高中职百校百大阅读推荐图书之一，龟毛症候群、自以为逻辑严密者自检手册！

◎ 严密有趣的进阶测试，清晰易懂的题目解析，使本书成为英国最受欢迎的哲学普及类读物。

《你以为你以为的就是你以为的吗？2》

扫码直达本书购买链接

◎ 思维大师朱立安·巴吉尼继畅销书《你以为你以为的就是你以为的吗？》之后的又一部力作。

◎ 揭露了热门论战中的 8 种思维陷阱，标举了近百个精彩热点的实例，破解了那些看似有理、实则糟糕的谬误言论。

《简单的逻辑学》

扫码直达本书购买链接

◎ 逻辑学科普入门畅销书，哈佛大学校内书店的皇冠书籍。

◎ 位列台湾诚品网络书店英文畅销书榜第 1 名。

◎ 香港中文大学推荐的 40 本英文经典之一。

《简单的哲学》

扫码直达本书购买链接

◎ 有效提高逻辑思维能力，快速学习哲学方法的精确指南，哲学入门工具书的不二选择！

◎《你以为你以为的就是你以为的吗？》作者经典著作，清华大学、中国人民大学、南京师范大学 3 大高校哲学教授倾情推荐。

◎ 英国《哲学家杂志》主编、特兰西瓦尼亚大学杰出教授联袂奉献，教你如何运用哲学进行有效又健全的思考。

《好用的哲学》

扫码直达本书购买链接

◎ 探究哲学世界不可或缺的“进阶宝典”，让你也可拥有推理大师般无懈可击的逻辑思考能力！

◎《简单的哲学》和《好用的哲学》是一套介绍哲学推理方法和原则的指南丛书，涵盖了著名哲学家提出的前沿概念和原则，教你快速掌握大师级的论证与批判。

图书在版编目（CIP）数据

未来在等待的人才：哈佛、牛津的5堂思考力训练课/（日）福原正大著；班健译.—杭州：浙江人民出版社，2016.6
ISBN 978-7-213-07338-0

Ⅰ.①未… Ⅱ.①福… ②班… Ⅲ.①全球化–人才培养–研究 Ⅳ.①C961

中国版本图书馆CIP数据核字（2016）第110909号

浙江省版权局
著作权合同登记章
图字:11-2016-216号

上架指导：思维训练/人才培养

未来在等待的人才：哈佛、牛津的5堂思考力训练课

作　　者：［日］福原正大 著
译　　者：班健 译
出版发行：浙江人民出版社（杭州体育场路347号 邮编 310006）
市场部电话：（0571）85061682 85176516
集团网址：浙江出版联合集团 http://www.zjcb.com
责任编辑：朱丽芳
责任校对：张谷年
印　　刷：北京中印联印务有限公司
开　　本：880mm × 1230 mm 1/32　　印　　张：7.25
字　　数：11万　　插　　页：1
版　　次：2016年6月第1版　　印　　次：2016年9月第2次印刷
书　　号：ISBN 978-7-213-07338-0
定　　价：39.90元